SHODENSHA
SHINSHO

AIを信じるか、神《アッラー》を信じるか

島田裕巳

祥伝社新書

はじめに

人間はやっかいな存在である。

明確な理想を掲《かか》げてそこから一歩もブレない、これだけは譲《ゆず》れないと頑張っている気骨《きこつ》のある人間もいないわけではない。しかし、多くの人間は（仏教の言葉を使うならば「凡《ぼん》夫《ぷ》」ということになるが）、はっきりとした立場を確立することなく、状況に流されていく。昔のことは忘れて、今自分が持っていないものに憧《あこが》れ、それを得るためには、昔はかけがえのないと思ったものをいとも簡単に手離してしまう。

自由ということ、自由であるということは、戦後の世界においてかけがえのない、絶対に譲り渡してはならないものであったはずである。第二次世界大戦と、それを引き起こすに至った全体主義の勃興は、人々の自由を抑圧し、想像を絶する惨禍《さんか》をもたらした。

戦争が終わったからといって、簡単に自由が実現されたわけではない。自由であることを目指して、多くの人は戦わざるを得なかった。ベルリンの壁のように、移動の自由を奪うことによって、人々を強く縛《しば》るものさえ新たに生まれた。

それでも、世界の人々が自由を求めて苦闘したのは、自由が奪われることの悲惨さを味わい、それが自分たちが生きるうえで絶対に欠かしてはならないものであることを思い知らされたからである。

その結果、以前と比較して、世界中の多くの人々が自由を享受できるようになった。もちろん、今でも自由を奪われた人々はいる。だが、自由であることこそが人間の根本的なあり方だという認識は、広く共有されている。

ところがである。自由があたりまえのことになると、今度は、その重要性が次第に忘れ去られるようになっていく。

特に、グローバル化という新しい現実が著《いちじる》しく進行した現在の世界において、私たちは、かえって自由であるがゆえに孤立し、緊密に結びついた世界に直接対峙《たいじ》しなければならない。その分、強い不安を感じ、自《みずか》らの立場がいかに不安定なものであるかを思い知らされる。

私たちは、かつて存在した、自由を拘束する傾向はあるものの、安定し、永続性を持つ各種の共同体に立ち戻ることはもはや難しくなっている。「家」という最小の共同体でさえ、永続性を失い、私たちの人生の基盤となる役割をはたしてくれなくなっている。

確かに、科学技術が進み、それが高度化し、社会システムが整《ととの》えられることによって、生活の質は向上し、稀《まれ》に見るほどの豊かな生活を送ることもできるようになった。

ところが、ＩＴ技術が進歩し、人工知能すなわちＡＩの開発と応用が進むことで、人間は仕事を奪われることになるのではないかとも言われている。さらに、ＡＩはその知能を駆使して、人間には難しい判断を下すようになり、人間はそれに従わざるを得なくなってきている。

19世紀イギリスのラッダイト運動（産業革命時に失業の危機にさらされた手工業者、労働者による機械打ちこわし運動）に代表されるように、かつて科学技術の進歩によって、人間は機械の奴隷《どれい》になるのではないかと言われたことがあった。それが、今や現実化しているわけだ。

やがてＡＩは私たちを選別し、生きるに値《あたい》する者と値しない者を分けるようになっていくかもしれない。もちろん、そのようなことが公然と行なわれるわけではない。しかし、ＡＩはすでにさまざまな分野において、人物評価、あるいはその人間の信用度を判定するために活用されるようになってきている。

それが積み重ねられ、ネットワークを介して社会全体に広がっていけば、人を選別するという、従来なら神だけが可能な事柄が、テクノロジーによってなされるようになっていく。実際、中国ではそうした社会がすでに実現している。

人々がそれを受け入れてしまうのは、グローバル化によって安定性を失った世界では、自由よりも安全が求められるからである。安全が確保されるなら、自由は失われてもかまわない。そのような風潮が世界全体に広がりつつある。

世界のさまざまな地域で進む、イスラム教の拡大という現象も、こうした文脈のなかでとらえることができるのではないか。

イスラム教は、神への絶対的な服従を説く宗教である。服従するなら、神は絶大な慈悲をもって信者に相対《あいたい》してくれる。しかし、最後の審判においては、服従を拒《こば》んだ者に地獄行きが宣告される。

興味深いことに、イスラム教の世界は、国家の枠《わく》を超え、人とモノ、そして資本の移動が自由に行なえるものとしてとらえられている。その点では、イスラム世界の拡大はグローバル化そのものでもある。ただ、現在進行しているグローバル化と異なるのは、そこにイスラム法という、人々を拘束する規範が存在することである。その点で、移動の自由は、生活から自由が奪われることによって実現される。

はたして、グローバル化が著しく進展した人類社会は今、どちらの方向へ向かおうとしているのか――。

どうやらそれは、さらなる自由の確立を目指す方向ではないようだ。その方向性を見定めることが、本書の目的である。

二〇一八年五月

島田裕巳《しまだひろみ》

目次

第1章　神としてのＡＩ

第2章

世界に広がるイスラム教

第3章　無宗教者の「服従」

第4章 デジタル毛沢東主義

第5章 「自由」からの逃走

第6章　新たなる帝国の時代

終　章　宗教なき世界

付記　引用文は読みやすさを考慮して、ふりがなを加除し、行を調節した。また、傍点は原文どおりとした（著者）。

序章

ＡＩか、アッラーか

あまりに重要な問い

「ＡＩ」とはartificial intelligenceの略語であり、日本では「人工知能」と呼ばれる。対して、「アッラー」とはイスラム教における神のことである。多くの人は、この言葉を固有名詞としてとらえ、神の名前と見ているようだが、実はアラビア語の普通名詞であり、固有名詞ではない。アラビア語の発音に近づければ「アッラーフ」となる。

したがって、「アッラーの神」という表現では「神の神」となり、意味をなさない。もし神に固有の名前があるならば、他にもそのような神の存在が想定される。純粋な一神教であることを目指すイスラム教では、神が固有の名を持つことはあってはならないことなのだ。

「ＡＩか、アッラーか」という問いは、現代の社会が、そして人類全体が直面しているきわめて重要な選択肢を意味している。これからの人類はＡＩに従うのか、それともアッラーに従うのか。その選択に迫られているかもしれないのである。

ＡＩとは何か、アッラーとは何かについては第１章と第２章で詳しく述べるが、まず「ＡＩか、アッラーか」という問いを立てなければならない理由について明らかにしたい。

そのためには、時計を今からおよそ130年前に遡《さかのぼ》らせる必要がある。登場するのは、日本の近代化に貢献した、ひとりの教育者である。

答えられなかった新渡戸稲造《にとべいなぞう》

新渡戸稲造は1877（明治10）年、官立の学校として設けられた札幌《さっぽろ》農学校（現・北海道大学）の二期生として入学する。同期生には、新渡戸とともに日本人キリスト教徒として名を馳《は》せる内村鑑三《うちむらかんぞう》がいた。卒業後は農商務省御用掛《ごようがかり》などを経《へ》て、母校の予科教授に就任する。そして在任中にアメリカとドイツの大学に留学し、彼《か》の地で専門とする農業経済学を学んだ。

新渡戸はドイツ留学中、ベルギーにも立ち寄ったのだろう、ベルギーの法学の大家であったラブレー博士から、次のように問われた。

「あなたがたの学校には、宗教教育がないとは！　では、いったいどのようにして子弟に道徳教育を授けるのですか」

この発言の前に行なわれた会話の部分が伝えられておらず、詳細は不明だが、おそらく新渡戸は日本の学校では宗教教育が行なわれていないと博士に言ったのだろう。博士の言葉には、驚きが含まれている。衝撃を受けたかのような発言である。

欧米ではキリスト教という宗教が存在し、それが道徳教育のバックボーンになっている。キリスト教の信仰を持たない日本人は、学校でどうやって道徳教育を施《ほどこ》しているのか——この重要な問いに、新渡戸は答えられなかった。しかし、このことが新渡戸の名声を高めたとも言える。

というのも、それから10年以上のちの1900（明治33）年、アメリカで病気療養中だった新渡戸は『武士道』を英語で執筆し、それを出版したからだ。前述の博士との会話は、『武士道』の冒頭の部分に出てくる。

新渡戸は、キリスト教という宗教に代わる道徳の基盤を、日本の文化的な伝統のなかに探し求め、武士道に行き着いた。そこには、彼が盛岡《もりおか》藩の武士の家の生まれであることが影響していたことはまちがいない。

私は現在、新渡戸が創立者となっている東京女子大学で非常勤講師をしている。かつて担当しているゼミで、学生たちとともに『武士道』を読み進めたことがある。その際に、新渡戸がどのような資料を元に『武士道』を執筆したかについて調べてみた。

するど、主に使われているのは、日本語の資料ではなく英語の資料であることがわかった。現在とは異なり、アメリカにいては、日本の武士道について、日本語の資料を集めることは難しかった。新渡戸は十分な資料が揃わないなか、『武士道』を書いたように思われる。

たとえば、『武士道』のなかには、歌舞伎《かぶき》の演目《えんもく》として名高く、現在でも繰《く》り返し上演される「寺子屋《てらこや》」（『菅原伝授手習鑑《すがわらでんじゅてならいかがみ》』の四段目切《きり》）が、あたかも史実として紹介されている箇所がある。「寺子屋」は、『菅原伝授手習鑑』の作者たち（初代竹田出雲《たけだいずも》・竹田小出雲《こいずも》・三好松洛《みよししょうらく》・初代並木千柳《なみきせんりゅう》）によるまったくの創作である。これ以外にも、出典が必ずしも明らかでない箇所がある。

その点で、『武士道』の内容については問題もあるが、重要なことは、新渡戸がラブレー博士から問われた事柄である。

新渡戸は、札幌農学校への入学前からキリスト教に関心を持っており、在学中に内村などとともに洗礼を受けている。洗礼を施されたのはプロテスタント・メソジスト派の教会だった。その後、彼はオーソドックスなキリスト教の信仰に疑いを持つようになり、アメリカでは、キリスト教の宗派のなかでは比較的リベラルなクエーカー派に転じた。

このように新渡戸は、キリスト教徒として生きており、その経験から、キリスト教の信仰が道徳の基盤として不可欠なものであるという認識を持っていたはずである。

ところが、日本ではキリスト教が広まっておらず、日本社会に広まっている神道や仏教は、それに代わる役割をはたせそうにない——新渡戸は『武士道』のなかで、明確に述べているわけではないが、おそらく、そのような認識を持っていたことだろう。

あるいは新渡戸としては、日本における道徳教育の基盤として儒教を挙げることができたはずである。

江戸時代、武士の教育には、必ず儒教の教典の素読《そどく》が含まれていた。儒教が道徳教育の基盤になっていたのである。しかし、明治時代になると、儒教は封建的で古くさく、日本を近代社会として確立するうえでは役に立たないという認識が、少なくとも知識人階層には広がっていく。新渡戸がキリスト教に関心を持ったのも、そうしたことが関係していたに違いない。

伊藤博文《いとうひろぶみ》の悩み

新渡戸がヨーロッパに滞在したのは、1887（明治20）年から1890（明治23）年のことである。翌年には、アメリカで知り合ったメリー・エルキントンという女性と結婚し、日本に帰国している。

新渡戸が日本に不在の時期、日本では、前述の問いにかかわる重要な出来事が起こっていた。大日本帝国憲法の発布《はっぷ》である。この憲法は、日本ではじめての近代憲法であり、実質的にアジアにおいてもはじめての憲法であった。日本は憲法を持つことによって、近代国家の仲間入りをはたそうとしたのである。

大日本帝国憲法を制定する作業の中心にいたのが、当時は参議《さんぎ》であった伊藤博文である。参議とは、明治政府の役職のひとつだが、倒幕の中心となった薩長土肥《さっちょうどひ》（薩摩《さつま》藩・長州《ちょうしゅう》藩・土佐《とさ》藩・肥前《ひぜん》藩）の功臣が就任したことで、実質的な権力を握ることとなった。

伊藤は、ドイツとイギリスで憲法について研究するため、新渡戸よりも早い1882（明治15）年にヨーロッパに渡っている。滞在期間は1年半近くにもおよんだ。そしてヨーロッパ滞在中、誰かから問われたというわけではないのだろうが、新渡戸と同じ問題に直面していた。

そのことは、1888（明治21）年4月27日に憲法草案を明治天皇に捧呈《ほうてい》後、枢密院《すうみついん》で審議される最初の会議において、伊藤が行なった憲法起草の大意についての説明のなかに示されている。同年6月18日のことである。

伊藤は、「欧州ニ於《おい》テハ（中略）宗教ナル者アリテ之《これ》カ機軸ヲ為《な》シ」ているのに対して、「我国ニ在《あり》テハ宗教ナル者其《その》力微弱ニシテ一《いつ》モ国家ノ機軸タルヘキモノナシ」とし、「我国ニ在テ機軸トスヘキハ独《ひと》リ皇室アルノミ」という見解を述べていた。

ヨーロッパにおいては、キリスト教という宗教が国家の機軸をなしている。ところが、日本では国家の機軸にするには宗教の力が弱い。そこで、皇室にそれを求めるしかないというのである。

もちろん、新渡戸が問われた「道徳教育の基盤」と伊藤が直面した「国家の機軸」では、そのニュアンスは異なる。だが、両者ともに、欧米ではキリスト教がその役割をはたしているという認識を示している。究極的な権威をどこに求めるのかという観点で考えるなら、二人は同じ問いに答えようとしていたと考えていいのではないだろうか。

大日本帝国憲法はこれを反映して、第一条において「大日本帝国ハ万世一系《ばんせいいっけい》ノ天皇之《これ》ヲ統治ス」と、天皇が統治者と位置づけた。そのうえで、第三条では「天皇ハ神聖ニシテ侵《おか》スヘカラス」と、天皇はキリスト教の神と同様に神聖な存在とされた。そして、第四条においては「天皇ハ国ノ元首ニシテ統治権ヲ総攬《そうらん》シ此《こ》ノ憲法ノ条規ニ依《よ》リ之ヲ行《おこな》フ」と、明確に元首とされたのだった。

コンプレックスと天皇制

天皇を国家の機軸に据《す》え、その権威によって国家を統治する。伊藤がそうした考えに行き着いたのも、皇帝を戴《いただ》くドイツのビスマルク憲法を学んだからである。だが、いっぽうで、江戸時代末期に生まれた尊皇攘夷《そんのうじょうい》思想も、その背景にあった。

江戸時代において、天皇は「天子様《てんしさま》」として、武家に位階を授ける役割などをはたしていたものの、社会を支える究極の権威であったとは言い難い。明治政府は、天皇が直接統治する親政という形をはじめから取り、憲法の発布以前に、すでに天皇を実質的な統治者に位置づけていた。

明治政府が、天皇を国家の機軸に据えなければならなかったのは、開国を迫られ、欧米の列強と覇《は》を競う立場に置かれたからである。

江戸時代、鎖国を続けている間は、基本的に日本人の世界観は国内で完結していた。儒教の思想にもとづく忠《ちゅう》（主君への忠義）と孝《こう》（親への孝行）の観念に従い、個々の主君や親に尽くすことがもっとも重要な課題であり、ひとつの究極的な権威に国民全体が従う必要は必ずしもなかった。そうした状況では、ことさら日本という国家のあり方を考える必要もなかった。

それが、明治となり、欧米列強と肩を並べる近代国家を築くためには、国民全体が国家に対して誇りを持つことが不可欠となった。ナショナリズムの確立が課題となったのである。その源泉は、天皇に求められた。「万世一系」という言葉が生まれたのは、実は幕末である。討幕派の公家・岩倉具視《いわくらともみ》が1867（慶応3）年10月にはじめて使った。

初代・神武《じんむ》天皇は神の系譜に連《つら》なり、代々の天皇は神武天皇の血を引くことで皇統が守られてきた。王朝の交代が一度も行なわれなかったことが日本の特徴であり、そこにこそ、日本国家の優位性が示されているとされたのである。福沢諭吉《ふくざわゆきち》は、その著書『文明論之概略』のなかで「我国《わがくに》の皇統は国体《こくたい》と共に連綿として外国に比類なし」と述べている（国体に関しては後述）。

こうした考え方が強調されたのも、日本が、欧米列強に比べて近代化が大幅に後れていたからである。当然、そこにはコンプレックスがともなった。それを払拭《ふっしょく》するには、万世一系を強調することで、日本の独自性、他国に対する優位を主張するしかなかったのだ。

日本は、こうした論理によって理論武装し、やがてはアジアを戦場とする戦争に乗り出していったが、最終的には太平洋戦争に敗れ、憲法改正を迫られる。１９４６（昭和21）年公布の日本国憲法である。

戦前と戦後は変わっていない

日本国憲法においては、天皇は日本国の象徴、日本国民統合の象徴とされた。

しかし、冒頭において天皇のことに言及されているという点で、大日本帝国憲法と日本国憲法は共通する。日本国憲法下の天皇の地位は、主権者である国民の総意にもとづくとはされているものの、国事行為をはたすなど、特別な役割を与えられている。

何より、天皇が存在しなければ、国会の開会や解散、内閣総理大臣や最高裁判所長官の任命、法律や条例の制定もできない。もちろん、そこには内閣による助言と承認が不可欠とはされているものの、万が一、天皇の不在という事態が起これば、日本国家の機能は停止する。しかも、その事態を解消するために憲法を改正しようとしても、それが天皇の国事行為に含まれるため、不可能なのである。

私は、実質的に、天皇のあり方は、大日本帝国憲法と日本国憲法とでは変化していないと考えている。戦前、天皇を中心とした政治体制を「国体《こくたい》」と呼称し、太平洋戦争終結におけるポツダム宣言受諾の際も、それを維持する国体護持《ごじ》が最大の課題とされた。しかし、このように見てくれば、敗戦によっても国体は護持されたと言えるだろう。

だが、近代社会においては、ひとつの家が存続していくことは難しい。天皇家もその例外ではない。しかも、大日本帝国憲法と同時に制定された皇室典範《こうしつてんぱん》においては、養子が否定され、天皇家の存続はより困難なものになっていた。

さらに、戦後に一般の法律となった新しい皇室典範では、天皇が側室を持つという古くからの伝統も否定された。その結果、今や皇室の存続は危機を迎えている。皇族の数は減少し、国家の機軸としての役割をはたすことが難しくなっているのだ（詳しくは、拙著『天皇と憲法——皇室典範をどう変えるか』朝日新書）。

宗教の衰退

国家の機軸が失われていく事態は、日本だけで起こっていることではない。新渡戸に問いかけたラブレー博士も、ドイツとイギリスで憲法について研究した伊藤博文も、その時代にはキリスト教という宗教がヨーロッパにおいて国家の機軸となり、道徳の基盤となっているという認識を持っていた。しかも、それは盤石なものとされていた。

ところが、今やヨーロッパでは、キリスト教の著しい衰退という事態が進行している。日本人は、今でも欧米のキリスト教徒は毎週日曜日には家族で連れだって教会に礼拝に行っていると考えているかもしれないが、それはすでに過去のものになっている。

たとえばフランスでは、1958年には日曜日に教会でミサに与《あずか》る人間は、国民全体の35パーセントも存在した。ところが、フランス世論研究所の2011年調査では、カトリックの信者で最低月一回教会に行っている人間はわずか5パーセントだった。

洗礼についても、1950年には90パーセント以上のフランス人が子どもに洗礼を受けさせていた。それが、2004年には60パーセント以下に減少している。

ドイツでも教会離れが進んでいる。1995年と2015年を比較しただけでも、教会に通っている人間は18・6パーセントから10・4パーセントに、洗礼は26万人から16万7000人に減少した。教会で結婚式を挙げるカップルの数となると、半減している。ここには、ドイツでは国教会の制度が取られ、キリスト教の信者には教会税が課せられることも影響している。

キリスト教の信者が減り、洗礼を受けたり、教会のミサに与らなくなったりしているということは、キリスト教が社会的な力を失っていることを意味する。それでは、国家の機軸の役割をはたすことなどできない。

アメリカの場合、ヨーロッパと比較すれば、キリスト教に対する信仰は根強い。だが、それでも衰退の兆候は見える。世論調査会社ギャラップによれば、1994年に教会に通っているアメリカ人の割合は62パーセントに達していた。それが、2013年では53パーセントに減少した。教会に所属している割合も、69パーセントから59パーセントに減少している。

こうした傾向が続けば、信仰心が強いと言われてきたアメリカでも、教会に所属せず、さらには無宗教を標榜《ひょうぼう》する人間が増えていくことが予想される。宗教はいったん衰退の傾向が露《あら》わになると、再《ふたた》び復興に転じることはないというのが、どの国においても通例である。

神なき世界

ドイツの哲学者フリードリヒ・ニーチェが、著書『ツァラトゥストラはかく語りき』において、「神は死んだ」と宣言したのは1885年のことである。それは、ちょうど新渡戸と伊藤がヨーロッパに滞在していた中間の時代に相当する。

ニーチェの宣言は、当時の知識層に衝撃を与えたものの、一般庶民はヨーロッパにおいても、アメリカにおいても、ほとんどがキリスト教を信奉し、教会に通っていた。その時代にはまだ、神が死んだと考える人間は少数派であり、キリスト教は欧米において国家の機軸の役割をはたしていた。

しかし、それから約130年が経《た》ち、欧米、特にヨーロッパでは神が死につつあることがより明確になってきた（詳しくは、拙著『宗教消滅――資本主義は宗教と心中する』SB新書）。日本でも、既成宗教だけではなく、新宗教でさえ衰退の兆《きざ》しを見せている。いや、新宗教のほうがその傾向は著しいのだ。

天皇にしても、神にしても、今や国家の機軸、道徳の基盤としての役割をはたさなくなろうとしている。では、その代わりはどこに求められるのか――。

「AIか、アッラーか」という問いを投げかけなければならないのも、私たちがそうした事態に直面しているからである。

私たちはいったいどこに国家の機軸を求め、道徳の源泉を求めたらいいのだろうか。最終的な権威となり、善と悪を区別する際の判断基準となるものが存在しないとしたら、私たちは混乱し、決断ができず、不安に駆られる。

新渡戸が、ラブレー博士から問いかけられた時、答えられずとまどったのも、日本の社会にそれを見出《みいだ》せなかったからである。伊藤にしても、皇室が存在しなかったとしたら、憲法の基盤をどこに据えていいのか、大いに迷い、あるいは答えを見出せなかったかもしれない。

権威が存在すれば、私たちはそれに拘束され、自由が失われていると感じる。だから、近代の社会においては自由の価値が称揚され、次々と権威が破壊されてきた。しかし、その破壊は正しいことだったのか。今や私たちはそれを問わなければならない状況に立ち至っているのである。

第1章

神としてのＡＩ

ＡＩを信仰する新宗教

ＡＩ（人工知能）の発達は目覚《めざ》ましい。ＡＩが、これまで人間特有のものとされてきた「知能」を持つため、あるいは知能を持つように見えるため、人間を超えた「神」としてとらえられることも少なくない。『ＡＩが神になる日』（松本徹三著、ＳＢクリエイティブ）などの書籍も出版されている。

ＡＩを神として信仰の対象とする宗教団体も誕生した。その名称は「Way of the Future（未来への道）」。目的は「人工知能にもとづく神の実現を発展・促進すること」だという。設立者は、グーグルの元エンジニアであるアンソニー・レバンドウスキーである。

レバンドウスキーは、写真の撮影情報と位置情報を結びつけるシステムを開発し、彼が設立した会社はグーグルに買収された。グーグル在籍時には、自動運転車開発のプロジェクトに参加している。退社後に設立した会社も、タクシーや自家用車の配車アプリ・ウーバーを運営するウーバー・テクノロジーズに買収された。

ただし、彼にはグーグルを退社する際に、大量の機密情報を持ち出したという疑惑が持ち上がっている。ウーバー・テクノロジーズからは解雇され、グーグルの親会社である持株会社・アルファベットからも訴えられている（「ハフポスト」２０１７年10月17日）。このため、レバンドウスキーが宗教団体を立ち上げたのは税控除が目的ではないかという声もあり、どこまで真剣な試《こころ》みであるかは、今のところ不明である。

とはいえ、ＡＩの急速な発展は、ＡＩを神として崇《あが》める宗教団体が誕生しても不思議ではないと思わせる状況を生み出している。ＡＩは神に等しい能力を発揮するのではないか――。そこには、期待と不安が入り交じっている。

神の領域に入った将棋ソフト

身近なところでは、将棋や囲碁のコンピュータソフトが、人間に圧勝する事態が生まれている。はたして、将棋や囲碁のソフトがＡＩと言えるのかどうかについては議論がある。だが、将棋を指すことや囲碁を打つことは、長く人間だけに可能な知能の働きにもとづくものと考えられてきた。そうである以上、将棋や囲碁のソフトをＡＩとしてとらえても、それはけっしてまちがいではないだろう。

人間に勝《まさ》る将棋や囲碁のソフトも、神にたとえられることが多い。『コンピュータvsプロ棋士――名人に勝つ日はいつか』（岡嶋裕史著、PHP新書）は、そうした事態が起きる前に刊行されたものだが、すでに著者は「2010年の今、私の水準から見上げれば、将棋ソフトは神の高みにまで上り詰めました」と述べていた。

将棋におけるコンピュータとプロ棋士との対戦は1996年から始まり、2015年までは五分五分の勝負が繰り広げられていた。

ところが、2016年の第一期電王戦《でんおうせん》（二番勝負）では、コンピュータソフトのPonanzaが山崎隆之《やまさきたかゆき》八段に連勝した。翌年の第二期電王戦（同）では、佐藤天彦《さとうあまひこ》名人にやはり2連勝した。

これによって、将棋ソフトのレベルがプロ棋士のレベルを超えていることが明らかになった。Ponanzaの開発者である山本一成《やまもといっせい》氏は、佐藤名人を破った時のインタビューで、「もうそうなると（プロ棋士は）勝てないかな、という印象ですね」と語っていた（「週刊アスキー」2017年7月19日）。

将棋や囲碁は相当に複雑で、頭を使うゲームである。プロともなれば、1000手を読む高い能力を備えており、素人ではとても勝負にならない。そのプロ棋士に圧勝したわけだから、将棋や囲碁のソフトは、どうしても神に近い存在に見えてきてしまう。

電王戦では、Ｐｏｎａｎｚａのソフト側の指し手を盤上で再現するロボットが使われた。これは産業用ロボットの一種で、あたかもコンピュータが人間と対戦しているかのような印象を与えた。和服姿の佐藤名人が、そのロボットの前で「負けました」と言い、うなだれている姿はとても印象的だった。あたかも、知能の面で人間がコンピュータに勝てないことを認めたように見えたからである。

説明不能のジレンマ

ここでひとつ、指摘しておかなければならない重要な事柄がある。

それは、将棋や囲碁ソフトの欠陥としてもとらえられるのだが、「感想戦（局後の検討）」ができないことである。

人間同士が対戦した場合、投了後に最初から指し直し、それぞれの局面で最善の手は何だったのかを検討する感想戦を行なうのが普通である。コンピュータはもちろん、どういった手を指したかを完璧に記憶している。ところが、なぜその手を指したのか、なぜこちらの手を指さなかったのか、その理由を説明してはくれない。人間が求めても、そうした要求にはけっして答えてくれないのである。

コンピュータは、コンピュータが人間と対戦している時、あるいは人間同士が対戦している時、その指し手について数値化して評価を下す。それによって、今ではプロ棋士も、好手《こうしゅ》と悪手《あくしゅ》の区別をしている。そして、コンピュータの示す好手を指し続けられるよう、研鑽《けんさん》に励《はげ》んでいる。

その評価した値《あたい》について、コンピュータはなぜそうなるのか、理由を明らかにしてはくれない。今のところ、コンピュータにはその能力がない。やがてはコンピュータもそうした能力を身につけることになると予想する向きもあるが、コンピュータがそうした能力を身につける時が永遠に訪れない可能性も、十分に考えられる。

現在の最先端のＡＩ技術にもとづくコンピュータが、将棋でも囲碁でも、最善の手は示せても、なぜそれが最善かを説明できない点は、これまでの私たちが考えてきたＡＩの姿とは根本的に異なるものかもしれない。これは、とても重要である。

想像していた姿とは違う⁉

ＡＩという言葉は、１９５６年にイギリスのダートマス大学で開かれたダートマス会議で、アメリカの認知科学者ジョン・マッカーシーが提案したものとされる。ＡＩという言葉自体は、今から60年以上前から存在するわけである。

マッカーシーによるＡＩの提案は、コンピュータにおいて人間の知能の実現を目指すものである。この提案を聞いた時、当時（１９５０年代後半）の人々はおそらく、人型《ひとがた》ロボットを思い浮かべたに違いない。形も動きも、そして知能の働きも、人間に近いものがＡＩと認識されていたのである。

ロボットという言葉はチェコ語で「労働」を意味するrobotaと、スロバキア語で「労働者」を意味するrobotnikからの造語であり、チェコの作家カレル・チャペックによる戯曲「R.U.R.」にはじめて登場する。１９２０年のことである。

R.U.R.とはRossumovi univerzální robotiの略語で、「ロッサム万能ロボット会社」を意味する。そこで描かれているロボットは、人間に代わって労働に従事するものの、「こころ」は持っていない。その点で、チャペックのロボットは、人間にひたすら奉仕する奴隷のような存在でもあった。

それ以降、ＳＦ小説においては、さまざまな形のロボットが登場してきた。日本では、何と言っても、マンガ家手塚治虫《てづかおさむ》の『鉄腕アトム』が有名だ。アトムも、感情を持たないとされていた。マンガには、アトムがそれに悩む場面も出てきた。その点で、アトムはチャペックの描いたロボットの延長線上にある。

より洗練された姿が描かれたのが、スタンリー・キューブリック監督の映画『２００１年宇宙の旅』である。この作品には「ＨＡＬ９０００」という、ＡＩを備えたコンピュータが登場する。映画製作にあたり、コンピュータメーカーのＩＢＭが全面的に協力しており、ＨＡＬとはＩＢＭを１文字ずつ前にずらしたものであると言われている。

『２００１年宇宙の旅』は、監督キューブリックがＳＦ小説家アーサー・クラークとアイディアを出し合って作られたものだが、脚本はキューブリックが書いている。クラークは、それを小説にしている。

そのタイトルが示しているように、舞台は主に２００１年に設定されている。映画が公開されたのは１９６８年のことだから、当時から33年後の未来を描いた作品ということになる。ただ、冒頭は、動物の骨を地面に叩《たた》きつけていた類人猿が暴力性に目覚める場面になっていた。

映画のなかには、HALが宇宙船のクルーのひとり、フランク・プールとチェスで対戦する次の場面が出てくる。

フランク・プール「そうだなキング……、いやクイーンがポーンを取る」
HAL9000「ビショップがナイトのポーンを取ります」
フランク・プール「ふんっ、悪手だな。ルークをキング1へ移動」
HAL9000「フランク、申し訳ないですが、あなたは見落としているようです。クイーンがビショップ3へ移動、ビショップがクイーンを取り、ナイトがビショップでチェックメイトです」
フランク・プール「お前の言うとおりだ。投了するよ」
HAL9000「楽しいゲームをありがとうございます」
フランク・プール「ああ、ありがとな」

映画が製作された1960年代後半は、コンピュータチェスが開発された時代である。コンピュータ同士が対戦したり、人間とコンピュータとの対戦が行なわれたりしたが、まだその能力は大したものではなかった。コンピュータがチェスの名人と対戦して接戦を演じるのは、映画公開から20年が経った1989年のことである。

映画に登場するフランク・プールは宇宙飛行士で、チェスではアマチュアである。ならば、1960年代後半においても、コンピュータが勝利することは十分にあり得た。ただ、現在においてもそうだが、コンピュータが人間の見落としを、このように親切に指摘してくれるわけではない。

何より、ここでのHALには、並外《なみはず》れた知能を備えた存在としての余裕がある。優しく相手の悪手を指摘するところからは、高い知性が感じられる。むしろ、HALが動かした駒《こま》をまちがって悪手と決めつけるフランク・プールのほうが、知性の面で劣《おと》っているようにさえ感じられる。

こうしたHALであるならば、感想戦もできるはずだ。HALには、ユーモアの感覚が備わっているようにも見えるし、何よりも客観的な立場から状況をとらえる醒《さ》めた目があるからだ。

知性と知能

HALに感情が備わっていると感じさせるのが、HALに異常を感じたボーマン船長が、モジュールを次々に引き抜いて、機能を停止させようとした時のことである。

HALは、「怖い。怖いよデイブ（ボーマン船長の愛称）。私の意思がなくなっていく。感じる、感じるんだ。意思がなくなっていく。疑いようがない。感じる、感じる、感じる……。私は……怖い」という反応を返してくるのである。

AIという言葉が生まれ、そのことが、次第にさまざまな分野で話題になっていくなかで、AIには知能だけではなく、知性も備わっているものと考えられていた。そうでなければ、人間に近づいたとは言えない。それが基本的な認識であった。

しかし、現在開発が進められ、社会のなかで活用されるようになったAIは、HALのようなものではなく、異なる形を取ってきている。

AIの最先端の状況については、NHKが「天使か悪魔か」というシリーズをNHKスペシャルとして放送している。第1弾が「天使か悪魔か　羽生善治《はぶよしはる》　人工知能を探る」で、2016年5月15日に放送された。

棋士の羽生永世七冠が番組のナヴィゲーターに起用されたのは、将棋や囲碁の世界でAI技術にもとづくコンピュータが人間に圧勝するという事態が生まれていたからである。シリーズ第2弾は2017年6月25日に放送された「人工知能　天使か悪魔か　2017」だが、こちらも、羽生がナヴィゲーターとして出演している。

前者は『人工知能の核心』（羽生善治・NHKスペシャル取材班、NHK出版新書）として、後者も『人工知能の「最適解」と人間の選択』（NHKスペシャル取材班、同）として書籍化もされている。

この二つの番組、あるいはその書籍を比較した時、そこには大きな違いがある。第1弾では、将棋や囲碁のソフトについてクローズアップされていたものの、大半はAIの原理や仕組みについての解説に費《つい》やされている。実例として取り上げられていたのは、ソフトバンクが開発した人型ロボットのペッパーや、AIを取り入れたシンガポールの交通システムくらいだった。

それが第２弾になると、佐藤名人が敗れた第二期電王戦の結果から始まり、どこに客がいるかを予測するＡＩタクシー、ＡＩ技術を駆使した株式の電子取引、刑務所の収容者の保釈の時期の判断に用いられる再犯予測システム、アンケートの文章から退職の可能性を予測する派遣会社のシステム、さらには人間よりも冷静で的確な判断を下すＡＩ政治家など、多くの実例が取り上げられていた。

取り上げられる実例が増えたのは、わずか1年の間に、それだけＡＩの実用化が進み、現実の社会生活のなかで活用されるようになったからである。もし、シリーズ第３弾が作られることになれば、さらに実例は増えていくだろう。ひとつの番組では、とうてい扱えないくらい増えているかもしれない。それだけＡＩの進歩は著しいのである。

ブラックボックス

ＡＩは、膨大《ぼうだい》なデータを処理し、瞬時に判断を下すという点で、人間の能力をはるかに上回る。それは、時間をかければ、人間にもできることかもしれない。だが、タクシーの客がどこにいるかを予測することも、株式の取引の場合にも、判断は瞬間的になされなければならず、それは人間にはとうてい不可能である。

しかし、ＡＩが現実の社会生活のなかでさまざまな形で用いられていけばいくほど、問題はより大きくなっていく。

書籍『人工知能の核心』では、羽生の視点からＡＩの問題が語られている。そのなかで羽生は、コンピュータソフトを相手にする時に棋士が直面している「違和感」について触れている。これは、前述のコンピュータソフトが感想戦をできないことにかかわっているのだが、ＡＩの思考は「ブラックボックス」になっているというのである。引用してみよう。


しかし、人工知能が発達して、政治や経済のような場面の意思決定に、もっと関与してくるようになった場合は、どうでしょうか。やはり意思決定の過程が、ブラックボックスになることには、多くの人が不安を覚えるように思います。もちろん、人工知能が導き出した結論を、人間の側《がわ》で解釈し直して、理解していくやり方もあるでしょう。しかし、本質的に人間には理解できないような答えを人工知能が提示してくる場合も考えられます。

ブラックボックスとはどういうことか。

身近な例で考えてみたい。たとえば、友人の誕生日が近いので、プレゼントを選ぼうとする。これは誰もが経験することだろうが、けっこう難しい作業で、何を選んでよいか迷ってしまう。

プレゼントは、手土産《てみやげ》とは異なる。手土産は、何かを持参するということが重要であり、ある意味、中身は二の次である。ところが、プレゼントとなると、形ばかりとはいかず、相手が喜んでくれるものを選ばなければならない。そうなると、相手の好みや今何を欲しがっているかを考える必要がある。もちろん、予算の問題もある。こうして、さまざまな条件が重なり、なかなか結論には至らない。

おそらく、多くの人たちはプレゼントを選ぶまで日数を要するだろう。結論を出すには、なぜそれが相手に対する誕生日のプレゼントとして、もっともふさわしいものと言えるのか、その理由を見つけ出さなければならない。そこにすこしでも迷いがあると、最終的な判断を下すことができない。

これをＡＩに代行させたとする。さまざまな条件を指定すると、それにもとづいて最適なプレゼントを教えてくれるコンピュータソフトがあればいい。そうしたソフトを作ることはけっして難しくはないだろう。

けれども、ソフトが「最適解」を示してくれても、なぜそれが最適解なのか、解説まではしてくれない。つまり、ソフトがプレゼントを選ぶプロセスはブラックボックスのなかにあり、その内部を人間は見ることができないのだ。

そうなると、ＡＩがプレゼントを指定してくれても、すんなりとそれを相手に贈れない。これが最適だと納得できる理由がなければ、これを選択していいか、どうしても迷ってしまう。そこにＡＩと人間との違いがある。人間が求めるのは、最適なプレゼントそのものではなく、これが最適だと納得できる思考のプロセスなのである。

ただし、もしＡＩが、自分で考えても思いつかないような素敵なプレゼントを指定してきた時には、ＡＩに対する信頼感が生まれ「これはＡＩが選んでくれたものだからまちがいない」と納得できるようになるかもしれない。

再犯の可能性を予測

だがこれが、シリーズ第2弾で取り上げられた再犯予測システムとなると、ブラックボックスであることの問題は、より鮮明で深刻なものになってくる。

再犯予測のシステムを活用しているのは、アメリカの裁判所である。番組で取り上げられたのはカリフォルニア州ソノマ郡の裁判所だった。こうしたシステムは、他の裁判所でも使われているが、取材に応じたのはここだけだったという。

ダナ・サイモンズ判事は「人工知能の予測結果を見て被告人を釈放していいか、再び罪を犯《おか》す危険人物にならないか、合理的に判断できるのです。人工知能のおかげで、結果的に刑務所の収容人口を管理することが可能になっています」と述べている。

ＡＩは、被告人が出所後1年以内に再犯するリスクを、低、中、高の三つのランクに分けて予測する。それを元に判事は、その人間を釈放していいかどうかを判断するわけである。

サイモンズ判事は「全般的に、人工知能が提示する再犯リスクは私の評価と適合しています。そして、ある人物を釈放していいかどうかを考える際、『自分は正しく判断している』という合理性のある確信を与えてくれています」と、このシステムを高く評価している。短所については「考えたこともありません」と答えていた。

興味深いのは、このシステムを運用しているソノマ郡保護観察部のプログラムマネージャーであるロブ・ハルバーソン氏の発言である。彼は取材班の前で、ある被告人のデータを打ち込み、すぐに予測結果が出てくるところを見せた。「薬物リスク 高」というのが予測結果だった。

彼は、予測の過程がブラックボックスになっていることについて、むしろ肯定的にとらえている。「リスク評価を行うとき、私たちは評価過程に触れることはできません。計算は密《ひそ》かに行われ可視化もされません。評価は人工知能に任《まか》せて人間は手出しできないようになっています。なぜなら、人間が判断しないことが大事だからです。人間の恣意的《しいてき》な判断を差し挟《はさ》まないからこそ、きちんとした答えが出てくると私たちは考えています」と言うのである。

だが、裁《さば》かれる側にしてみれば、ひどく理不尽にも思える。番組では、41歳の黒人男性の感想が取り上げられた。窃盗罪《せっとうざい》で懲役2年の刑を言い渡され、収監されているものの、模範囚であるため、週に5日外へ出て、機材の組み立てなどの仕事をこなしている。それでも、足首にはGPSモニターが取りつけられていて、決められた場所以外に行くと警告音が鳴るようになっている。

模範囚の多くはもっとも短ければ、刑期の3分の2が終了したところで仮釈放の許可が出る。ところが、この人物の場合、1年半以上模範囚であるにもかかわらず、許可が下りていない。取材班は、AIが再犯のリスクが高いと判断しているからではないかと疑問を投げかけている。

本人は、AIが再犯リスクを判定していることをまったく知らなかった。取材班がその事実を伝えると、驚きを隠せない様子を見せ、次のように述べている。

「私についての情報を保安官が人工知能に入力して、人工知能が私を判断しているということですか」

「その通りです」
「保安官はそのことを私に隠していたのではないだろうか。そんなことは全然知らずに質問に答えていました」

この話題について、番組では、裁かれる側が疑問を呈したところで終わっていたが、書籍『人工知能の「最適解」と人間の選択』では、この方法が妥当かについて、さらに取材と議論が続けられている。

そこから浮かび上がってくるのは、ＡＩが予測に使うデータ自体に偏《かたよ》りがあるかもしれないということである。

アメリカの裁判所では、白人の裁判官は、容疑者が黒人だと、同じ罪の白人よりも、刑期を長くする傾向がある。このような既決重罪犯のデータがＡＩの予測に用いられるとすれば、最初からバイアスがかかってしまう。司法の世界では、圧倒的に白人が優位なので、白人の価値観が支配的になってしまうのだ。

しかも、プログラム情報については、十分に明らかにされてはいない。こうした問題があるため、ＡＩの使用について疑義も出されている。２０１６年７月には、ウィスコンシン州の最高裁判所が「人工知能による再犯予測システムの裁判での利用は限定的であるべき」という判決を下した。さらには、使用に反対する弁護士も現われている。

退職の予兆を数値化

番組ではもうひとつ、ＡＩの判断に対して、人間がとまどう事例が紹介されていた。それは、日本の医療事務業界でのことである。この業界では、退職率が高いことが問題になっている。病院という閉ざされた職場で、しかもミスが許されないということが、職場への定着を難しくしている。

そこで、大規模病院の受付や会計の業務を受託しているソラスト社では、面談では見抜けない、退職しそうな人間を知るために、ＡＩを活用するようになった。新入社員に対する面談は1年に7回以上行なわれており、その際に、面談シートに記入してもらう。その自由記述の文章を元に、ＡＩが退職の可能性の高い社員を見つけ出していくのだ。

なにしろ、面談にあたるベテランのマネージャーでも、対象者数が多いこともあり、退職の予兆をとらえることが難しい。面談シートに「業務は大変だけど、今後も頑張っていこうと思う」と書いた社員が1週間後に辞めてしまうことさえあるのだ。

ＡＩは、退職の可能性を点数で示す。実際、仕事に不安を感じている社員の点数は高くなっている。だが、マネージャーが文章を読んでも退職の兆候を見出せない社員に対して、ＡＩが高い点数をつけてきたりする。そうした社員にさらに面談をすると、本人が退職につながるような悩みを抱えていることが明らかになってくる。

その点で、ＡＩは、マネージャーにも見抜けない事柄を的確に示していることになる。

マネージャーは、自分が期待をかけている社員に、ＡＩが退職の予兆を読み取った時、「この社員に対しては、もうすこし突っ込んだ面談が必要だったのかなと考えています。私が気づけなかった、性格的な部分も含めて、今の人工知能が文章だけで社員の正直な気持ちをここまで読み取ることができることには驚きました」との感想を述べている。

だが、ＡＩが退職の予兆を数値化しても、なぜ面談シートからその結果が出てくるかを説明してくれるわけではない。やはり、解析はブラックボックスのなかで行なわれ、人間にはその過程が見えない。

ただ、アメリカの裁判所での再犯予測システムの場合と違うのは、対象者となる社員にとって、ＡＩによる予測がマイナスにならないことである。むしろ、会社側が退職に至るような不安を抱えていることを、ＡＩを通して事前に察知してくれ、何らかの改善をしてくれるなら、不本意な退職に迫られる必要がないわけで、その点では本人にとってもプラスに働く。ＡＩ導入への抵抗感はあまりないだろう。

再犯予測システムのような場合には、そこに人権の問題がからんでくるので、無制限にそれが利用されることは問題をはらんでいる。実際、すでに触れたように、その使用を抑制しようとする動きもある。ＡＩを活用するうえでの倫理も、次第に議論の対象になってきている。

しかし、実際に効果のあるもので、利益がもたらされるものであれば、ＡＩはたとえブラックボックスであっても、次々と社会生活のなかで活用されていくだろう。今やその勢いを押し止めることは難しくなっている。

AIへの規制

人型ロボットについては、SF作家アイザック・アシモフが1950年に出版した『われはロボット』で示した「ロボット三原則」が有名である。私は中学生時代、SF小説のファンだったので、このロボット三原則がアシモフ以外の作家によってさまざまな作品に登場したことを覚えている。

ロボット三原則とは「人間に危害を加えてはならない」「人間に危害を加えない限り、命令に服従しなければならない」「その二つに反しない限り自己を守らなければならない」というものである。しかし、アメリカ・マサチューセッツ州のタフツ大学でAIロボットの研究開発を行なうマティアス・シュウツ教授は「その程度では現実には使えない」と述べている。

確かに、私たち人間は、これらの原則に従って行動することができる。だが、AIとなれば、人間に危害を加えるとはどういうことなのかという判断からして、それを下すことは難しい。さまざまな状況が考えられるわけで、意外なことが人間に対して危害を加えることになりかねない。はたして、AIはそれを判断できるようになるのだろうか。

現代では、医療の分野が高度な発達を見せており、特に生命の領域にかかわることについて「生命倫理」が叫ばれ、さまざまな形で議論が進められている。遺伝子組み換えや着床前診断などの遺伝子診断、動物実験など、その是非が問われる問題は多岐にわたる。そのため、法的な整備を含め、歯止めを設けようとする試みも行なわれている。

そこには、宗教観の問題も関係している。宗教界からはおおむね、強い歯止めを用意すべきという主張がなされている。特に、世界最大の宗教組織であるカトリックの総本山バチカンの影響力は大きい。バチカンがどのようにこの問題をとらえているかを無視することはできない。

生命倫理の分野で規制をかけることが可能なのは、医師という特別な資格を持つ人間たちによって構成された組織が存在し、組織の決定がそこに属する個々の人間の行動に対して歯止めになりうるからである。

これがＡＩになると、そうした組織が存在しない。ＡＩの開発に従事している人間は多様で資格も問われず、特定の組織に属しているとも限らない。その点では、生命倫理のような形で、ＡＩの現実生活への応用を規制することは難しい。再犯予測システムに対しては、司法の判断が下されているわけだが、それは現実に使用された場合についてのもので、開発自体を規制することは事実上困難だ。

AIは仕事を奪うか

このままAIが社会生活において積極的に活用されれば、人間の仕事を奪うことになるのではないかという懸念《けねん》が生まれている。どのような仕事が奪われるのか、それを予測する雑誌や書籍も、次々に刊行されている。

現在、さまざまな労働現場においてロボットが導入されており、工場の無人化が進んでいる。酪農でも、ロボット化された畜舎が生まれている。これは、合理化を推《お》し進め、生産性を上げることに貢献しているわけだが、その反面、人間から仕事を奪っているとも言える。

AIの場合には、そのような単純労働ではなく、知的労働を代替していく可能性があり、医師や弁護士の仕事まで奪っていくのではないかと言われている。

実際、医療における診断にAIを活用しようとする動きが盛んである。2016年8

月、東京医科学研究所は、IBMが開発したAIのワトソン（Watson for Genomics）が、特殊な白血病患者の病名を10分で言い当てたと発表した。この患者は当初、人間の医師によって急性骨髄性《こつずいせい》白血病と診断され、抗癌剤《こうがんざい》による治療を受けていた。だが、まったく効果が現われていなかったのだ。

法曹界では、2015年にアメリカの法律事務所の幹部に対して行なわれたアンケート調査で、10年以内にAIが新任の弁護士に取って代わると答えた者が35パーセントに上った。

これらのことがAIで可能になるのは、カルテや判例など膨大なデータが電子化されており、それを活用できるからだ。特に、法律はひとつのルールの体系であり、その点で将棋や囲碁、チェスなどのゲームと似ている。AIは、そうしたルールを理解することを得意としており、ある案件について、裁判所がどういった法的な判断を下すのかを、弁護士よりも迅速《じんそく》に明らかにしてくれる可能性がある。

ただし、AIによって、医療や法律の分野で、医師や弁護士など専門家が不要になるかと言えば、そう簡単にはならないだろう。

医療現場では、医師が各種の検査データにもとづいて診断を下し、治療法を示し、処方《しょほう》箋《せん》を書く。その際、医師と患者との間で対話が行なわれ、データに現われない体の好不調についても話し合いがなされる。その作業は、究極的にはAIによって代替が可能かもしれないが、AIはなぜそういう診断が下るのか、それを患者にわかるようには説明してくれないという重大な欠陥がある。それは、AIの限界と言うべきかもしれない。

それは弁護士業務も同様であり、依頼者の案件について、AIが膨大な判例を元に、裁判所がどのような判断を下すかは明らかにできるかもしれない。しかし、法律の世界に慣れていない依頼者からすれば、なぜそういう判断が下るのか、その理由を知りたいはずだ。その説明が、AIにはできない。

そうした点で、どうしても人間の医師や弁護士は必要だということになるが、AIの発達と導入によって、その役割が変化していくことは十分に考えられる。

それに、患者や依頼者の側が、AIを活用できるようになれば、専門家に頼らなくても、自分たちで一定の判断を下すことができるようになる。医療なら、特に生活習慣病のような場合には、患者による自己管理が可能になるだろう。法律なら、裁判に訴えるべきか、弁護士に依頼すべきかの判断を事前に下すこともできるはずだ。

もはや避《さ》けられない

このような事態が、これから現実になっていくことを予測しているのが、話題になった、ケヴィン・ケリーの『〈インターネット〉の次に来るもの――未来を決める12の法則』（NHK出版）である。

たとえば、機械的に個々人の体の状態を記録していく「ライフログ」を拡張した場合にどうなるか、著者は次のように述べている。

身体の生体測定値の常時モニター：もし血糖値をリアルタイムで常時モニターできたら、人々の健康はどれだけ変わるだろうか。もし周りの環境から生化学物質や毒素が血液に入ってきたかどうかをほぼリアルタイムでチェックできたら、あなたの行動はどれほど変わるだろう（「2度とあの場所にはいかない！」と思うだろう）。こうしたデータは警戒システムとしてばかりか、病気の診断や薬の処方の際にも個人的基準として役立つだろう。

同書の原題は〝THE INEVITABLE〟、つまり「不可避」「避けられない」という意味である。

著者のケヴィン・ケリーは1952年の生まれで、1984年から1990年まで、アメリカにおいてサブカルチャーの運動をリードした雑誌「ホール・アース・カタログ」などを発行・編集していた。インターネットをはじめとするコンピュータ技術とサブカルチャーの関係は深いが、そうした立場から、インターネットやAIが発達することによって、これからどういう社会がもたらされるのかを予測している。それは、社会の変化として「避けられない」というわけである。

「コグニファイング」「フローイング」といった12の章から、なぜそれが避けられないのかを予測していくが、そのなかには、現在可能なことと将来可能になるであろうことが入り交じっており、両者を明確に区別することが難しい。半分はSFの世界であると考えたほうがいいかもしれない。

未来のＡＩ

最終章「ビギニング」では、現在ＡＩについて話題として取り上げられる時、必ず持ち出される「シンギュラリティー」に言及されている。

シンギュラリティーとは、「技術的特異点」と訳されるが、その意味するところは多様で、統一的な見解が確立されているわけではない。ただ一般的に、「ＡＩが人間の知能を超える時」と想定されている。

書籍のなかでは、まず「強いシンギュラリティー」と「弱いシンギュラリティー」を区別する。強いシンギュラリティーとは、ＡＩが自力でより賢《かしこ》いＡＩを生み出し、それが無限に加速された時にもたらされるもので、「最後にはＡＩが神のような知恵を持って存在する問題すべてを解けるところまで到達してしまい、人類を置き去りにする」というものである。

ただし、著者はそうした事態は起こらないとし、弱いシンギュラリティーのほうが実現される可能性が高いとする。その場合、ＡＩは私たちを奴隷化するほど賢いものにはならない。それでも、ＡＩやインターネットにかかわる技術はすべて合体され、複雑な相互依存の方向へ向かっていく。

そうなると、そこで実現されるシンギュラリティーは、私たちをより良い人間にしてくれるとともに、私たちはそうした創造物なしでは生きられなくなるという。

確かに、近未来において私たちに起こることは、著者が述べているような状況に近づいていくだろう。

実際、現在でも、私たちの生活はインターネットの利用が避けられないものになっている。コンピュータを使ってインターネットにつながらなくても、スマートフォンはインターネットとつながることを前提としている。私たち自身が直接操作しなくても、自動車や家電、医療機器など周囲にあるさまざまなものがインターネットでつながれている。いわゆる「ＩｏＴ（Internet of Things、モノのインターネット）」である。そうしたネットワークを断《た》ち切ることはもはや不可能であり、もしそのような事態が起これば、社会は混乱する。

ＡＩの発展は、このインターネットの拡大と密接に関連している。ケヴィン・ケリーは「コグニファイニング」の章において、「最初の正真正銘のＡＩは、独立型《スタンドアロン》のスーパーコンピューターの中ではなく、インターネットとして知られている何十億ものコンピューター素子で造られた超生命体の中で生まれることになるだろう」と述べている。したがって、ＡＩはあらゆるところに行き渡り、「隠れた存在」になっていくというのだ。

つまり、ＡＩは『２００１年宇宙の旅』のＨＡＬのようなものとして私たちの前に現われるのではなく、世界の隅々《すみずみ》におよぶネットワークのなかにひっそりと隠れていて、密かに私たちの生活に決定的な影響を与えることになるというわけである。

どこかに隠れた神——それがＡＩの未来の姿である。そして、私たちがＡＩに依存する割合は、時間とともに増大していくに違いないのである。

第2章

世界に広がるイスラム教

文明と宗教の関係

世界にはさまざまな宗教が存在する。それは各地に文明が誕生した古代以来のことで、それぞれの文明には固有の宗教が存在した。

世界の四大文明としてはエジプト文明（紀元前3000〜同100年頃）、メソポタミア文明（紀元前3500〜同300年頃）、インダス文明（紀元前2500〜同1500年頃）、黄河《こうが》文明（紀元前4800〜同1500年頃）が挙げられる。

エジプト文明であれば、ヘリオポリス九柱神《きゅうちゅうしん》を中心とした多神教が信仰されていた。九柱神には、創造神であるアトゥムをはじめ、シュー、テフヌト、ゲブ、ヌトのほか、名高いオシリス、イシス、セト、そしてネフティスが含まれる。

メソポタミア文明も、エジプト文明と同様に多神教だが、ウル、ラガシュ、バビロンなどそれぞれの都市国家においては、個々に単一の神が信仰対象になっていたともされる。こうした形態を、宗教学では「単一神教」と呼ぶ。多神教の世界において、特にひとつの神が最高神として崇められる状態のことである。

注目されるのは、創造神マルドゥクが、母ティアマトを殺し、その半身を用いて地上を作り、残りの半身から楽園と冥界《めいかい》を作ったという神話が存在することである。のちに、この地域からはゾロアスター教やマニ教といった善悪二元論を特徴とする宗教が生まれるが、その元はすでに古代メソポタミア文明にあったと言える。さらに、イスラム教のシーア派も、この地域を基盤とするが、やはり善悪二元論の傾向を帯びている（後述）。

エジプト文明とメソポタミア文明においては、それぞれ独自の神話が存在し、神々の世界は体系化されている。

これに対してインダス文明には、明確な神話が存在しないため、どういった神々が信仰されていたのか、それを明確にすることが難しい。ヴェーダ（紀元前1000〜同500年頃に編纂された宗教文書）の信仰が確立されるのは、インダス文明が滅《ほろ》んで以降のことである。

したがって、インダス文明における宗教については、遺跡から類推するしかない。水や火を用いた祭祀《さいし》が行なわれたことをうかがわせる遺跡も存在するが、神話による裏づけを欠いているために、その具体的な姿を明らかにすることはできない。

黄河文明については、中国のさまざまな地域において独自の文明が栄えていたことが、発掘の結果明らかになっており、全体をひとつの文明としてとらえること自体が今日《こんにち》では難しくなっている。また、インダス文明と同様に神話を欠いているため、信仰の具体的なあり方はよくわからない。

現在の世界にも影響を与えているユダヤ教、ゾロアスター教、ヒンドゥー教、仏教、儒教、道教などが誕生するのは、こうした古代の文明が滅びたあとのことである。さらに、その後に、ユダヤ教を土台にしてキリスト教とイスラム教が生み出されていくのである。

イスラム教徒の急増

現在、各宗教を信者の数で比較すれば、キリスト教が世界で第1位、第2位がイスラム教である。その元となったユダヤ教は、ユダヤ人固有の民族宗教であるために、信者は1400万人程度である。ユダヤ教あるいはそれを信奉するユダヤ人の社会的な影響力は大きいが、信者はかなりの少数派と言えるだろう。

アメリカのシンクタンク、ピュー・リサーチ・センターの調査によれば、2010年における世界の宗教人口は次のようになっている（Pew-Templeton Global Religious Futures

Project)。

キリスト教	21億６８３３万人
イスラム教	15億９９７０万人
ヒンドゥー教	10億３２２１万人
仏教	４億８７７６万人
民俗宗教	４億４６９万人
ユダヤ教	１３８６万人
他の宗教	５８１５万人
無宗教	11億３１１５万人

同センターでは、宗教人口の将来予測も行なっているが（予測は10年ごとで現在、２０５０年まで提示）、キリスト教は次のようになるという。

２０１０年　21億６８３３万人
２０２０年　23億８２７５万人
２０３０年　25億７８７９万人
２０４０年　27億５６３９万人
２０５０年　29億１８０７万人

キリスト教は40年間におよそ35パーセント、信者数を拡大していくことになる。それに対して、イスラム教は次のようになる。

２０１０年　15億９９７０万人
２０２０年　19億７１１万人
２０３０年　22億９２７万人
２０４０年　24億９７８３万人
２０５０年　27億６１４８万人

イスラム教の40年間の伸びは73パーセントにもなる。信者数でも、キリスト教にかなり接近しており、その地位を脅《おびや》かすことになりそうだ。ちなみに、２０５０年の全体予測は次のようになっている。

キリスト教	29億１８０７万人
イスラム教	27億６１４８万人
ヒンドゥー教	13億８４３６万人
仏教	４億８６２７万人
民俗宗教	４億４９１４万人
ユダヤ教	１６０９万人
他の宗教	６１４５万人
無宗教	12億３０３４万人

この統計では、日本人は主に仏教信者に分類されるのであろうが、仏教信者は、40年の間に減少すると予測されている。イスラム教の伸びが著しいのは、イスラム教が広がった国々で、人口の急激な増加が予想されるからである。2010年において、イスラム教信者が多い上位5カ国を挙げてみよう。

インドネシア	2億4884万7000人
パキスタン	1億7809万7000人
インド	1億7728万6000人
バングラデシュ	1億4860万7000人
エジプト	8002万4000人

これが、2030年には次のようになると予測されている。

パキスタン	2億5611万7000人

インドネシア　2億3883万3000人
インド　2億3618万2000人
バングラデシュ　1億8750万6000人
ナイジェリア　1億1683万2000人

インドネシアは微増で、それを上回るスピードでパキスタンが伸びていく。ナイジェリアは、2010年にはエジプトに次ぐ第6位で7572万8000人だから、相当な伸びを示すと予想されている。

ヨーロッパのイスラム化

イスラム教信者の増加は、アジア各国においては人口増加にもとづくものだが、注目しなければならないのが、ヨーロッパの状況である。

ヨーロッパ各国は伝統的にキリスト教が信仰されており、カトリックとプロテスタント、そして東方教会の信仰が定着している。その信仰が揺らぎつつあることについては、すでに序章で述べた。ところが近年、ヨーロッパへの移民が増加することによって、そこに重大な変化が生まれている。

2016年の時点で、28あるEU加盟国にノルウェーとスイスを加えた域内全体のイスラム教信者は、2577万人と推定されている。これは、人口全体の4・9パーセントに相当する。主な国のイスラム教信者の数と、人口全体に占める割合を示せば次のようになる（'Europe's Growing Muslim Population' November 29, 2017 : Pew Research Center)。

フランス　572万人／8・8パーセント
ドイツ　495万人／6・1パーセント
イギリス　413万人／6・3パーセント
イタリア　287万人／4・8パーセント
オランダ　121万人／7・1パーセント
スペイン　118万人／2・6パーセント

数もさることながら、フランスの８・８パーセントやオランダの７・１パーセントという割合はかなりのものである。早稲田大学の店田廣文《たなだひろふみ》教授の論文「世界と日本のムスリム人口２０１１年」（「人間科学研究」第26巻1号）によれば、２０１１年におけるフランス、ドイツ、イギリスのイスラム教信者の数と割合は、次のようなものだった。

フランス　２７１万４０００人／４・３パーセント
ドイツ　３５３万３０００人／４・３パーセント
イギリス　１７４万８０００人／２・８パーセント

これをそのままピュー・リサーチ・センターによる２０１６年の推定値と比較できないかもしれないが、フランスではわずか5年間に３００万人も増え、総人口に占める割合は2倍以上になっている。フランスほどではないが、ドイツやイギリスの伸びも著しい。それは、オランダやベルギー、あるいは北欧諸国についても言える。こうしたことを背景に、最近では、「ヨーロッパのイスラム化」ということが指摘され、議論になっている。

日本もイスラム化するか

いっぽうで、ヨーロッパではキリスト教の衰退という現象も起こっている。ピュー・リサーチ・センターは、2050年におけるヨーロッパにおける宗教状況について、次のようにまとめている（The Future of World Religions : Population Growth Projections, 2010-2050）。

ヨーロッパは、宗教人口全体が減少すると予測される唯一の地域である。ヨーロッパのキリスト教徒の人口は、今後数十年間におよそ1億人減少し、5億5300万人から4億5400万人に減少すると予想される。キリスト教信者は依然としてヨーロッパで最大の宗教集団であり続けるものの、人口の4分の3から3分の2未満に減少すると予測される。2050年にはヨーロッパ人の約4分の1（23パーセント）が無宗教になると予想されており、イスラム教徒は2010年の5・9パーセントからこの地域の人口の約10パーセントを占めるであろう。ヒンドゥー教は、主に移民の結果として、約140万人弱（ヨーロッパ人口の0・2パーセント）から約270万人（0・

4パーセント）と2倍になると予想されている。仏教徒も同様に欧州で急成長を遂《と》げ、１４０万人から２５０万人に増加すると予測されている。

ヨーロッパでは、特にイスラム教の伸びが著しいが、ヒンドゥー教や仏教などのアジアの宗教も伸びていき、逆にキリスト教はかなり衰《おとろ》えていくと予想されているのである。

エコノミストのチャールズ・ゲイブの予測では、フランスにおいては２０５７年に、イスラム教がキリスト教を抑えて第1位の宗教になるという。これは、フランスだけのことではない。ゲイブによれば、オーストリア、ドイツ、スペイン、イタリア、ベルギー、そしてオランダでも、イスラム教が多数派になるという（"New World Order: Muslims to be majority in Europe within two generations", The Washington Times - Tuesday, September 26, 2017）。

もちろん、こうした国でのイスラム教信者の増加は、地域によって違いがある。たとえば、フランスのマルセイユでは統計によって異なるが、すでに20パーセント、ないしは25パーセントがイスラム教の信者で占められているとされる。ルーベでも20パーセントに達している。

イギリスのバーミンガムでは21・8パーセント、ブラッドフォードが24・7パーセント、スウェーデンのマルメが20パーセントとされる。20パーセントだと、住民の5分の1、25パーセントだと4分の1がイスラム教の信者で占められていることになる。

日本はどうだろうか。日本では、そもそもキリスト教信者の割合が少ない。最初の布教は戦国時代の1549（天文《てんぶん》18）年、イエズス会のフランシスコ・ザビエルによって行なわれた。その時にはかなりの広がりを見せたが、その後、豊臣秀吉《とよとみひでよし》による布教禁止を経て、江戸幕府は禁教とした。それが解けたのは1873（明治6）年である。

それから現在まで、すでに150年近い歳月が流れている。にもかかわらず、キリスト教信者の割合は人口全体の1パーセント程度に留まっている。日本の社会には、一神教を阻《はば》む壁が存在する。

同じ一神教であるイスラム教の場合、日本人の信者は1万人にも満たないものと考えられる。信者になるのは、ほとんどがイスラム教を信仰している外国人と結婚した人であり、女性が圧倒的に多い。海外から入ってくるイスラム教の信者も、累計10万人を超える程度ではないかと推計されている（前掲の店田論文）。

このような現状から考えると、日本において、人口の4分の1がイスラム教の信者で占められるという状況を想像することは難しい。確かに、近年、来日する外国人が増え、そのなかにはイスラム教信者も数多く含まれているが、「日本のイスラム化」が叫ばれるような事態には至っていない。

実は、日本ほど、ユダヤ教、キリスト教、イスラム教といった一神教の信者が少ない国は、世界中にほかにない。日本のイスラム化はよほど先にならないと現実化しないだろう。だが、その頃には、世界のイスラム化が相当に進行しているはずなのである。

組織が存在しないイスラム教

では、イスラム教という宗教は、どのような特徴を持っているのだろうか。日本はともかく、世界でイスラム教が拡大していることを考えれば、それについて理解しておく必要がある。

イスラム教は一神教であり、唯一絶対の創造神を信仰の対象としている。神は「アッラー」と呼ばれる。アッラーを信仰している人々が、イスラム教の信者ということになる。序章でも指摘したように、アッラーを神の名前として考えてはならない。アッラーは普通名詞であり、固有名詞ではない。

これはアラビア語の特徴だが、アラビア語を知らない人間からすれば固有名詞に思える言葉の多くが、実は普通名詞である。

たとえば、イスラム教の第一の聖典は『コーラン』で、アラビア語に近い表記では「クルアーン」となるが、これは「詠唱すべきもの」という意味である。また、イスラム教の法学者のことを「ウラマー」と呼ぶが、ウラマーは「知る者」の複数形である。

他のイスラム教特有の言葉も、すべて同じ形を取っている。これは、イスラム教を理解するうえで是非とも認識しておく必要のある事柄である。

イスラム教を理解するうえでもうひとつ、それ以上に重要な事柄がある。それは、イスラム教においては組織が存在しないということである。

私たちが生活する日本は、組織が発達した国である。社会のなかにさまざまな組織が存在し、ほとんどの人間は何らかの組織に所属している。学校や企業はもちろん、趣味のサークル、マンションの自治会、老人会、すべて組織である。

日本の宗教でも、組織が発達している。神社には、氏子《うじこ》（同じ氏神を信仰し、その神社の信仰圏に居住する人）による崇敬会《すうけいかい》（神社の維持や教科活動を決定）や総代会《そうだいかい》（祭祀を決定）が存在する。そもそも、現在、多くの神社は宗教法人の形態を取っており、それ自体が組織になっている。

仏教も、各寺院は宗教法人として組織化されており、檀家《だんか》（寺に所属し、布施《ふせ》を行なう人）もまた組織化されている。それぞれの寺院は宗派に属することが多く、宗派も組織にほかならない。

キリスト教も、教会の組織、あるいは宗派の組織が存在する。カトリックの場合には、その組織は世界全体に広がり、しかもひとつ（ローマ教皇庁）に統合されている。

これに対して、イスラム教にはそのような組織が存在しない。組織に慣れた日本人、あるいは欧米人から組織に見えるものも、実は組織になっていない。

たとえば、イスラム教の礼拝施設は「モスク」と呼ばれる。ただし、モスクは英語であり、アラビア語では「マスジド」と言う。マスジドは「ひざまずく場所」の意味である。

モスクはまさにひざまずく場所であり、そこで礼拝する。

金曜日には、集団での礼拝が行なわれるため、多くの人間がモスクに集まってくる。それは、世界中のモスクで恒常的に行なわれている。しかし、金曜日の集団礼拝に集まってくるイスラム教の信者が、そのモスクのメンバーであるというわけではない。

キリスト教の教会であれば、そこに集まってくるのはほとんどがその教会のメンバーである。メンバーはその自覚を持ち、教会の側もそれを把握し、個々のメンバーを記録している。教会の運営は、そうしたメンバーによってなされている。

ところが、モスクの場合、特定のメンバーが集《つど》う場所にはなっていない。近くにいるイスラム教の信者が礼拝の時間にそこを訪れ、神に祈るにすぎない。つまり、モスクは特定のメンバーによって構成される組織ではないのである。

これは宗教のみに限られることではないが、何らかの事柄を説明する時、その事柄の特有のことについては述べられても、欠けている事柄については触れられることは少ない。イスラム教の入門書を読んでみても、イスラム教に組織がないということは説明されていない。そのために、このことは広く認識されていないが、組織の欠如はイスラム教の根本的な特徴である。

絶対的な神と絶対的平等

組織の欠如は、イスラム教の本質とも深くかかわっている。

イスラム教で信仰される神は唯一絶対の存在であり、この世界を作り上げた創造神である。しかも、イスラム教では偶像崇拝を禁じるので、神の姿が描かれることはない。

キリスト教でも偶像崇拝を禁じる教えはあるが、キリスト教美術に示されているように、イエス・キリストや聖母マリアの姿はさまざまな形で描かれてきたし、神自身の姿が描かれることもある。ミケランジェロの「天地創造」などが、その代表である。

イスラム教からすれば、キリスト教は偶像崇拝の宗教にしか見えないだろう。イスラム教では神の姿がまったく描かれないため、人間との隔《へだ》たりはきわめて大きいのである。

また、キリスト教の世界では、イエス・キリストが目の前に現われるといった体験をする人間がいくらもいる。宗教体験について研究した心理学者ウィリアム・ジェイムズの『宗教的経験の諸相』(桝田啓三郎訳、岩波文庫)には、そうした実例がいくつも報告されている。

これはイスラム教ではあり得ないこと、あるいはあってはならないことで、神が人間の前に現われることはない。もしそのようなことが起これば、ムハンマドが最後の預言者であるという前提が崩《くず》れることになる。

イスラム教の世界では神の絶対性が強調されることによって、その下の人間は皆平等であるという考え方が行き渡っている。神と人間との距離に比べれば、人と人との間の距離はないに等しいのである。

もし組織が生まれたら、そこには組織を運営するための秩序が形成される。そうなれば、上司と部下のような身分格差も生まれ、命令系統が確立される。いかなる組織であっても、そうした構造を取っている。

ところが、イスラム教の考え方からすれば、人間に身分上の格差を作るということ自体が、その教えに反している。組織において上位にある人間は権威を持つわけで、その決定は部下の行動に影響を与える。それは、人間が神の権威に成り代わることを意味する。

これは、いわゆる「イスラム国（ＩＳ）」に行ったことのあるイスラム学者の中田考《なかたこう》氏から聞いた話だが、イスラム国には「司令官」と称する人間たちが数多くいても、命令系統など存在しなかったという。司令官に部下がいないことはもちろん、より上位の司令官も存在しないのだ。

日本や欧米の組織社会に生きる人間からすれば、それでは効率が悪すぎるように思える。しかし、イスラム教が広がった地域、特に中東では、組織はほとんど発達しておらず、徹底した個人主義で貫《つらぬ》かれている（その点は、岩崎葉子著『「個人主義」大国イラン――群れない社会の社交的なひとびと』平凡社新書に具体的に描かれている）。

これは、神の前での平等が徹底されているからである。あるいは、そうした社会のなかでイスラム教が生まれたため、個人主義の傾向が強くなったのかもしれない。これは、「鶏《にわとり》が先か卵が先か」の議論になりそうだ。

イスラム教徒の行動原理

よく「イスラム教のテロ組織」という言い方がされる。たとえば、「アメリカでの同時多発テロは、イスラム教のテロ組織アルカイダの犯行である」といったようにである。

しかし、イスラム教の原理からすれば、テロ組織というもの自体が存在し得ない。少なくとも、テロを実行している人間たちが強固な秘密組織を作り上げているというイメージは、現実とはなはだしく乖離《かいり》している。

実際、同時多発テロを実行した人間たちは、アルカイダのメンバーとはとらえられず、オサマ・ビンラディンの指令によってテロを実行に移したわけではない。事件後にアメリカ政府が出した報告書でも、ビンラディンが指令を出したという明確な証拠は示されなかった。

フランスでのシャルリー・エブド襲撃事件（第3章で詳述）ともなれば、犯行にかかわったのは2人の兄弟である。とてもテロ組織による犯行とは言えない。

「朝日新聞GLOBE」編集長で、アメリカの同時多発テロを扱った共著『テロリストの軌跡——モハメド・アタを追う』（朝日新聞アタ取材班著、草思社）も書いている国末憲人《くにすえのりと》氏は、2018年4月5日に「欧州の大規模テロの多くは、意外と家内工業みたいな狭い人脈で計画実行されている」とツイートしている。

イスラム教の世界には、「ファトワー」というものが存在する。これは、イスラム教の法学者が教えに従って出す見解や指針のことである。何か社会的に重要な問題が起こると、このファトワーが出される。報道されることもあるが、これをイスラム教の公式見解として受け取るのはまちがいである。組織のない、あるいは人間の権威を認めないイスラム教の世界では、そうした権限を持つ人間も機関も、そもそも存在しないのである。

では、イスラム教における行動原理は、どこから導き出されるのだろうか。

究極の根拠になるものは、まず何よりも、イスラム教の聖典『コーラン』である。『コーラン』は、預言者ムハンマドに下された神のメッセージを集めたものである。

570年頃、メッカで商人の息子として生まれたムハンマドは中年期に入ると、具体的な中身は不明だが、悩みを抱えるようになり、610年頃、メッカ郊外のヒラー山の洞窟《どうくつ》で瞑想《めいそう》をするようになる。ある時、瞑想中のムハンマドに天使ジブリールが現われ、神の啓示を下した。ジブリールはキリスト教の『聖書』に登場するガブリエルのことで、啓示はムハンマドの生涯にわたり下され続ける。

ムハンマドは字を読むことができなかったとされ、彼が生きている間、神のメッセージは口伝《くでん》された。しかし、それでは啓示を伝える人間によって内容に違いが生じるため、ムハンマドの死後、それを統一し、ひとつの書物にまとめる作業が行なわれるようになった。

ムハンマドが亡くなったのは632年のことだが、650年頃には、その作業の結果、神のメッセージは1冊にまとめられ、それ以外は破棄された。したがって、『コーラン』には、異本や外典といったものはいっさい存在しない。ちなみに、キリスト教の『聖書』の場合、旧約でも新約でも異本や外典はいくつも存在する。

『コーラン』には次のように、信者に対して神が具体的な行動を指示したものがある（訳文は『コーラン』〔井筒俊彦訳、岩波文庫〕より転載、以下同様）。

アッラーが汝《なんじ》らに禁じ給《たも》うた食物といえば、死肉《しにく》、血、豚の肉、それから（屠《ほふ》る時に）アッラー以外の名が唱《とな》えられたもの（異神に捧げられたもの）のみ。（中略）やむなく（食べた）場合には、別に罪にはなりはせぬ。まことにアッラーはよく罪をゆるし給うお方《かた》。まことに慈悲の心ふかきお方。

（『コーラン』第2章173節）

これ、汝ら、信徒の者よ、もし汝らがアッラーを懼《おそ》れまつるなら、(アッラー)は汝らに救済を設《しつら》え、汝らの一切《いっさい》の悪事を水に流してお赦《ゆる》し下さるであろうぞ。まことにアッラーは限りないお恵《めぐ》みの主におわします。

(『コーラン』第8章29節)

これが、ムハンマドを媒介にして神から人間に対して伝えられたメッセージであり、その神を信じる者は、このメッセージに従わなければならない。

具体的で細かなルール

人間が生活していくうえで必要とされる規範、ルールはさまざまな領域におよぶ。『コーラン』が、そのすべてを網羅しているわけではない。その不足を補《おぎな》うのが、ムハンマドの言行録「ハディース」である。イスラム教では、「シャリーア」と呼ばれるイスラム法に従うことが信者に求められているが、イスラム法の法源になるのが『コーラン』とハディースである。

ハディースは、生前のムハンマドが、どのようなことを言ったのか、あるいはしたのかを記録したものである。その特徴は、誰がそれを伝えたのかが明記されているところにある。具体的にそれを見てみよう（訳文は『ハディース』〈牧野信也訳、中公文庫〉より転載、以下同様）。「神の使徒」とはムハンマドのことで、「アーイシャ」とはムハンマドの妻のことである。

アーイシャによると、神の使徒は信徒達に彼らができることのみを命じていたが、或《あ》る日、彼らは「神の使徒よ、私達はあなたと同じ状態ではありません。神はあなたに過去の過《あやま》ちも将来の過ちもすべて赦されたのですから」と言った。これを聞いて預言者は満面に怒りをあらわして言った。「我々の中で最も神を怖れ、最もよく神を知るのはこのわたしだ」と。

（ハディース「信仰の書」12(1)）

最初に「アーイシャによると」と明記されているため、ここに述べられていることは、アーイシャが目撃した事柄であることがわかる。

次のように、ムハンマドの行動だけを伝えているものもある。

イブン・アッバースは言った。或る晩、預言者と共に礼拝したとき、わたしが彼の左側に立つと、神の使徒はわたしの頭をつかんで右側に立たせた。礼拝を終えた後、彼は横になってしばらく休み、やがて次の礼拝の時が告げられたので、立って、浄《きよ》めをせずに礼拝を行なった、と。

（ハディース「アザーン」77⑴）

預言者の言行は「スンナ」と呼ばれる。スンナはもともと「踏み慣らした道」という意味があり、慣行のことである。それを知るための手立てがハディースなのである。

ハディースは膨大な数があり、さまざまな学者がその集成を作り上げている。『コーラン』とは違い、異なる集成が存在する。ただし、その内容は『コーラン』に比べてはるかに具体的である。次のようなものもある。

アリーは言った。わたしは早漏《そうろう》のたちであったが、預言者の娘であるわたしの妻の手前、自分で言いたくなかったので、或る男に預言者に尋《たず》ねるように頼んだところ、預言者は「浄めを行《おこな》い、陰部を洗いなさい」と答えた、と。

（ハディース「洗滌《せんじょう》の書」13⑴）

禁欲を重んじ、聖職者は生涯にわたって独身を守るキリスト教のカトリックにおいては、聖職者には性行為は禁じられ、一般の信者ももっぱら快楽のためにそうしたことを行なうことは奨励されない。仏教でも、基本的な戒律「五戒《ごかい》」のなかに「不邪淫戒《ふじゃいんかい》」がある。出家した僧侶は、性行為を慎《つつし》むべきとされている。

それに対して、イスラム教には、性的行為を避けるという考えはない。ハディースのなかには、預言者が性行為をはたしたあと、どういった形で浄めたかも記されている。したがって、イスラム教には、世俗の世界を捨てた聖職者は存在しない。

ここにも、神を絶対の存在ととらえ、人間に地位による格差を認めないイスラム教の考え方が反映されている。もし、世俗を捨てた聖職者が存在すれば、彼らは一般の信者から崇拝され、絶大な権威となる。これは、キリスト教でも仏教でも、共通して見られることである。

しかし、イスラム教は、そうした存在を認めない。これは、イスラム教において組織が認められないことと共通する。あくまでも、人間同士は平等であらねばならないわけだ（ただし、イスラム教にも、キリスト教と同様に聖人がいて、その墓が信者からの崇拝を集めていたりする。したがって、聖人をめぐってはさまざまな問題が起きてきた）。

五行六信《ごぎょうろくしん》

イスラム教においては、「五行六信《ごぎょうろくしん》」が定められている。五行とは信者に求められる五つの行動であり、六信とは六つの信仰対象を意味する。

五行は、「信仰告白」「礼拝」「喜捨《きしゃ》」「断食《だんじき》」「巡礼」からなる。

信仰告白は、アラビア語で「アッラーの他に神はなく、ムハンマドはアッラーの使徒である」と唱えるもので、イスラム教に改宗した際には、２人の信者の前でこれを唱える必要がある。

礼拝は、よく知られているように、１日５回行なわれる。メッカの方角に向かって行なわれ、礼拝の時刻は場所によって、あるいは日によって異なる。

喜捨は、他の宗教でも行なわれていることだが、富《と》める者は貧しい者に対してお金を出すのは当然と考えられている。

断食は、1年に1回めぐってくる断食月（ラマダン）において実践されるもので、夜明けから日没まで、食べることも飲むことも慎む。性行為なども避ける。なお、イスラム暦は太陰暦《たいいんれき》であるため、断食月は毎年ずれていき、異なる季節に行なわれることになる。

巡礼は、一生に一度メッカに巡礼するもので、巡礼月（ハッジ）には世界中から巡礼者が集まってくる。ただ、イスラム教の信者は世界全体で16億人に達するため、誰もが生涯に一度巡礼に出ることは難しくなっている。

六信は、「神」「天使」「啓典」「使徒」「来世」「定命《じようみよう》」からなり、これがイスラム教信者の信仰の対象となっている。

神は唯一絶対の創造神であり、天使は神の啓示を伝えた存在のことである。啓典とは『コーラン』のことであり、使徒は最後の預言者とされるムハンマドのことを指している。来世とは、最後の審判のあとに赴《おもむ》く世界である。

定命とは、個々の人間の運命はすべて神によって定められていることを意味する。したがって、幸福なことが起こっても、不幸な出来事があっても、そこには神の意思が働いており、信者はそれを受け入れるべきとされる。

五行六信は、教えとしてきわめてシンプルである。イスラム教の信者は、これを忠実に守り、定められた行為を実践すれば、死後、天国に行くことができると考えられている。

イスラム教は戒律が厳格というイメージが強い。しかし、それは信者ではない人たちが戒律を絶対的なものと考えてしまうからである。

イスラム教では、神は慈悲深く、さまざまなことを赦す存在ととらえられており、かなり融通が利《き》く面がある。たとえば、それまで1日5回の礼拝を怠《おこた》ってきたとしても、大規模な喜捨を行なえば、それを補うことができ、天国に行くことができるとされるのである。

法であって、法ではない

イスラム教の信者であるということは、1日5回の礼拝を欠かさず、断食月には断食を行ない、お金があれば喜捨し、幸運に恵まれれば生涯に一度メッカに巡礼をはたす――ことである。その繰り返しであり、むしろ同じことをずっと続けていくことが重視される。

そして、日々の生活は『コーラン』とハディースを法源とするイスラム法に則《のっと》って営《いとな》まれる。たとえば、イスラム教の信者は豚を食べてはならない、酒を飲んではならないなどは、前述のイスラム法・シャリーアによって規定されている。

ただ、シャリーアは信仰にかかわる事柄だけではなく、近代の法律なら民法や刑法、行政法、訴訟法、戦争法に相当するような事柄を含む。さらには慣習やエチケットの領域にまでおよんでおり、その内容は多様である。

ところが、法として機能するものではありつつ、法律の条文のように体系化されて示されているわけではない。したがって、『コーラン』やハディースを読み込んでいかないと、何が正しく、何をしてはいけないかがわからない。

しかも、組織のないイスラム教の世界においては、シャリーアで規定されていることについて、それを現実に適用する際に疑問が生じたり、議論が起こったりした時、最終的な決定を下す機関が存在しないという問題が起こる。

イスラム教法学者は、自らが信奉する学派の学問的な蓄積に従って見解（ファトワー）を出すが、それが絶対というわけではない。キリスト教のカトリックでは、公会議《こうかいぎ》を開き、そこで正統とされる教義を定め、それを受け入れない人間を「異端」として区別するが、イスラム教にはこの公会議にあたるものがなく、したがって、正統と異端という区分もあり得ない。

さらに重要な問題は、シャリーアの法源となる『コーラン』もハディースも、それらは7世紀半ばにできたもの、あるいは記録されたものであって、それ以降いっさい変更が加えられたことがなく、補足されたこともないということである。神からのメッセージ、最後の預言者の言動である以上、変更や修正はいっさいできないのだ。

イスラム教が誕生してから、社会のあり方、社会生活の中身は時代とともに変化を遂げてきた。したがって、『コーラン』やハディースにおいて言及されていないことやモノが次々と現われてきた。それらをどうとらえるのか、後世のイスラム教信者は、シャリーアにもとづいて、自分たちで判断を下さなければならないのである。

テロに対して肯定か、否定か

『コーラン』第9章「改悛《かいしゅん》」に、次のような箇所がある。この箇所は有名であり、また議論を呼んできた部分でもある。

だが、(四ヵ月の)神聖月があけたなら、多神教徒は見つけ次第、殺してしまうがよい。ひっ捉《とら》え、追い込み、いたるところに伏兵《ふくへい》を置いて待伏《まちぶ》せよ。しかし、もし彼らが改悛し、礼拝の務めを果《は》たし、喜捨もよろこんで出すようなら、その時は遁《に》がしてやるがよい。まことにアッラーはよくお赦しになる情深《なさけぶか》い御神におわします。

(『コーラン』第9章5節)

イスラム教が誕生する前、それが誕生した地域においては、多神教が信仰されていた。現在はイスラム教の聖地と位置づけられ、礼拝や巡礼の対象となっているカーバ神殿も、イスラム教以前から多神教の聖地になっており、そこには、それぞれの部族が信仰する神像が祀《まつ》られていた。しかし、ムハンマドはそれを一掃してしまった。

したがって、『コーラン』にも、そうした多神教との戦いに関連する事柄が記されている。その点で、時代状況と深く結びついた神のメッセージであるということになる。だが、文脈を考えず、この箇所にもとづいて、イスラム教の信者には、他の宗教を信じる、あるいはイスラム教を信じない人間を殺す義務があるという解釈を引き出すことも可能である。

実際、テロが行なわれる時、『コーラン』のこの箇所が、その行為を正当化する根拠として用いられることもある。

はたして、『コーラン』がテロ行為を正当化しているのかどうか、それには議論がある。現実には、『コーラン』にこのように記されているからといって、多神教徒を殺害することを義務と考え、それを実践するイスラム教の信者はほとんどいないからだ。

やっかいなのは、前述のように、神のメッセージであるがゆえに、『コーラン』の記述を勝手に変更できないことである。『コーラン』は、ムハンマドの没後まもない時期に完成してから、今日までまったく変更が加えられていない。『コーラン』を変えることは、誰にも許されていない。できるとすれば、それは神だけである。

神に委《ゆだ》ねる

『コーラン』やハディースには、神のメッセージやムハンマドの言動については記されていても、なぜそうでなければならないのか、その理由は必ずしも説明されていない。

さきほど『コーラン』の「アッラーが汝らに禁じ給うた食物といえば、死肉、血、豚の肉……」を紹介した（92ページ）。これが、イスラム教の信者が豚肉を食べてはならないとされる根拠だが、なぜ豚肉を食べてはならないのか、その理由は説明されていない。

また、一般的にも広く知られているのが、巡礼の際にカーバ神殿の周りを巡礼者が回っている、「タワーフ」と呼ばれる光景である。そこには大量の巡礼者が加わり、壮観だが、これは巡礼全体の準備段階にすぎない。その後、丘から丘へと走ったり、山の上で祈りを捧《ささ》げたりすることなどが続く。

巡礼については、『コーラン』でも述べられているが、詳細はそこでは説明されていない。それを説明しているのが、ハディースである。ハディースの「巡礼の書」には、次のような一節がある。

イブン・アッバースによると、預言者はメッカに着いて先《ま》ずタワーフを行い、それから、アッ・サファーとアル・マルワの間を駈《か》けたが、このタワーフの後、アラファトから戻るまでカァバには近づかなかった。　（ハディース「巡礼の書」70(1)）

タワーフの際には、巡礼者はカーバ神殿の周囲を7回、回る。なぜ7回かと言えば、それはハディースのこの箇所に根拠が求められている。ムハンマドは「先ず三回走って巡り、次に四回歩」いたからである（ハディース「巡礼の書」63(3)）。アッ・サファーとアル・マルワは、ともに丘のことである。

ムハンマドがそのようなやり方をしたから、それが巡礼の作法になったのである。なぜその作法でなければならないのか、『コーラン』でもハディースでも説明されていない。これは、豚肉の禁止と共通する。

神が定めたこと、あるいは預言者が実践したことは絶対であり、動かし難く、そのうえ、なぜそうしなければならないのかの説明がない。それは、自由ということに慣れている先進国の人間からすれば、かなり理不尽に思える。だが、神を絶対の存在とするなら、これを受け入れるしかない。

現代のイスラム世界では、「サラフィー主義」が流行している。これは、1929年にエジプトで誕生した「イスラム同胞団」から生み出されたもので、「サラフ」はアラビア語で「先祖、先人」を意味する。つまり、ムハンマドを中心とした初期のイスラム教のあり方を理想とし、そこへの回帰を目指すのである。

確かに、ムハンマドが生きていた時代には、彼を通して次々と神のメッセージが下され、イスラム教の信者はそれに従って行動することができた。そうした状況にあれば、「自分たちは神の教えに従って生きているのだ」と、それぞれの人間が自分の生き方に強い自信を持つことができた。神はすぐ身近に存在した。これほど幸福な状況はない。そのためにムハンマドの時代は、イスラム教信者の理想とされる。

現代の人間は、何事に対しても説明や理由を求める。なぜこれが正しいのか、なぜこれを実践しなければならないのか、たとえそれが伝統的なしきたりであっても、その根拠を求める。

ところが、神を絶対の存在ととらえるイスラム教では、神のメッセージや、それを伝えたムハンマドの言動自体が根拠としてとらえられ、それ以上の根拠は求められない。説明や理由は、ＡＩと共通し、ブラックボックスに入っている。

イスラム教の信者は、「ムスリム（女性はムスリマ）」と呼ばれる。ムスリムとは、「帰依《きえ》する者」を意味する。そこには、イスラム教の特徴が示されている。神の教えに徹底して帰依し、疑いを持たない。理由は説明されなくとも、それを信じる。

今、そうした宗教を信仰する人々が世界で拡大しているのである。

第3章

無宗教者の「服従」

シャルリー・エブド襲撃事件

２０１５年1月7日、フランスのパリ11区にある、風刺《ふうし》新聞「シャルリー・エブド」を発行するシャルリー・エブド社の本社に、ロシア製自動小銃を持ち、黒い覆面をした２人組が押し入り、銃を乱射して12人を射殺した。

容疑者のアルジェリア系フランス人の兄弟は現場から逃走したが、その2日後、印刷工場に人質を取って立て籠《こも》ったところを、治安部隊によって射殺された。

同社が狙《ねら》われたのは、「シャルリー・エブド」紙が、イスラム教の預言者ムハンマドを揶揄《やゆ》する風刺画を掲載してきたから、とされている。それによって、２０１１年には編集部に火炎瓶《かえんびん》が投げつけられる事件が起こった。にもかかわらず、同紙は、裸のムハンマドを描いた漫画などを掲載し続けていた。

ちなみに、同紙は、２０１１年に日本で東日本大震災が起こり、福島第一原子力発電所の事故が発生した際には、原発事故でやせ細って手が3本になった力士を描き、「フクシマのおかげで、相撲がオリンピック競技になった」とリポーターが語る漫画を掲載していた。

襲撃事件後、「私はシャルリー」という合言葉が、フランスのみならず世界を席巻《せっけん》、日本にもおよんだが、このような漫画が掲載されたことを知っている人はほとんどいなかったであろう。

イスラム教の教えでは、偶像崇拝は禁じられている。すでに述べたように、イスラム教が生まれる以前、カーバ神殿では、それぞれの部族が偶像を祀っていた。アラブの世界は、現在でも部族社会である。ムハンマドはそれを一掃してしまった。そこに、イスラム教における偶像崇拝の厳格さが示されているわけだが、神の姿を描くことがないのはもちろん、ムハンマドについても、その姿を描く際には、顔の部分を空白にするなど配慮されてきた。

こうしたイスラム教の伝統からすれば、風刺画などもってのほかである。「シャルリー・エブド」紙に対するイスラム教徒の反発は、相当に大きなものがあったと推測されるのである。

『服従』で描かれた近未来

事件当日、「シャルリー・エブド」紙の表紙を飾っていたのは、「魔術師ウエルベックの予言」である。描かれていた、鼻が異様に大きく、三角帽を被《かぶ》った男性は、タバコを吸いながら、「2015年私は歯を失い、2022年私はラマダンの断食をする」という台詞《せりふ》を吐《は》いていた。

魔術師ウエルベックとは、ミシェル・ウエルベックというフランス人小説家のことである。彼は、フランスではもっとも権威のある文学賞・ゴンクール賞の受賞者であり、次々と問題作を発表していた。

1月7日の事件当日は、そのウエルベックの新作『服従』(大塚桃訳、河出文庫)の発売日だった。タイトルの「服従」とは、イスラム教の神への服従を意味する。この小説は、フランスがイスラム化する近未来を描いたものだが、テロがこの作品を大ベストセラーに押し上げ、フランスでは50万部に達した。

第2章で触れたように、フランスでは、他のヨーロッパ諸国と同様に、イスラム教徒の割合が増えており、イスラム化が現実の問題として突きつけられている。シャルリー・エブド襲撃事件が起こらなくても、『服従』は注目され、ベストセラーになっただろう。『服従』の主人公は、パリ第三大学（ソルボンヌ大学）文学部のフランソワ教授で、1907年に没したフランス人の作家ジョリス＝カルル・ユイスマンスを研究している。ユイスマンスは最初、自然主義文学を創始した小説家エミール・ゾラの影響で、自然主義の小説を書いていた。自然主義というと、日本では「私小説」が想起されるが、フランスの自然主義は、遺伝や環境の影響下に人間がいかに社会のなかで生きていくのかを描き出す、実験的文学を指す。

その後、ユイスマンスは、世紀末的な色彩の濃い小説『さかしま』を書いて、自然主義を脱し、最後はカトリックに改宗した。『服従』の主人公が、このユイスマンスを研究対象としていることは、イスラム教への改宗の伏線になっている。

小説の舞台は、2022年に設定されている。この年、フランスでは大統領選挙が行なわれるが、社会党、国民戦線、そしてイスラム政党である「イスラーム同胞党」が支持率で並んでしまう。連立を組むしかないが、社会党は国民戦線ではなく、イスラーム同胞党を連立の相手に選ぶ。その結果、イスラーム同胞党の党首ベン・アッベスが大統領に就任する。小説には、国民戦線のジャン＝マリー・ルペンなど、現実の政治家が実名で登場するが、ベン・アッベスは架空の人物である。

では、これによってフランスの政治はどのように変わるのか。

小説では、主人公がたまたま知り合いになった国内治安総局の人間から解説を受ける形で説明されていく。その人物は、イスラーム同胞党は特別な政党で他の政党とは異なり経済については関心がないという。その代わりに、人口と教育の問題に強い関心を寄せている。その点について、次のように説明する。


「そこですが、イスラーム同胞党は、フランス人の子弟が、初等教育から高等教育に至るまで、イスラーム教の教育を受けられる可能性を持たなければならないとしています。そしてイスラーム教育はあらゆる点で、世俗教育とは大変に異なります。まず、男女共学はあり得ません。それから、女性に開かれているのはいくつかの教科だけです。彼らが根底で希望しているのは、ほとんどの女性が、初等教育を終えた時点で家政学校に進み、できるだけ早く結婚することです。極めて少数の女性だけが、結婚前に文学や芸術課程に進むでしょう。それが彼らの抱いている理想的な社会なのです。そもそも、あらゆる教師は、例外なくイスラーム教徒でなければなりません。学校の規則は給食の食事制限にも及びます。それから、毎日五回の礼拝に割り当てられた時間は守られなければなりません。そして何より、学校のプログラム自体がコーラン教育に沿っている必要があるでしょう」

はたして、これが現在のイスラム世界で行なわれている教育と同じものかは問題になるところだが、社会党とイスラーム同胞党は、こうしたイスラム教の教育を受けるか、それとも世俗の教育を受けるか、二重化によって解決をはかろうとする。

イスラムとの二重化

二重化は結婚制度にもおよぶ。イスラーム同胞党が、一夫多妻制を主張しているためだ。国内治安総局の人間は、「共和国の結婚制度は変わりません。男性と女性の二人の間の結びつきです。イスラーム式の結婚は一夫多妻かもしれませんが、戸籍上は何も重要性はないものの、社会的な結合として認められ、社会保障や税制などに関しても権利が与えられます」と解説する。

現在のフランスでは入籍しない事実婚が多くなっているが、一夫多妻制も、法的には認められないが、事実として容認されるというのである。

教育制度の二重化では、現在の公立学校と並行して私立のイスラム学校が生まれる。公立学校に対する予算は削減されるいっぽう、イスラム学校には多くの寄付が集まる。大学ともなれば、サウジアラビアが「ソルボンヌ大学に無制限の寄付をしてもいい」と述べ、世界でもっとも裕福な大学のひとつになっていく。そうした流れのなか、大学の同僚のなかには、イスラム教に改宗する人間も出現する。

フランス人がイスラム政党を支持し、そうした政党の党首が大統領になることを認めたのは結局のところ、オイル・マネーの潤沢《じゅんたく》な流入が見込めるからである。それによって、フランスが抱える経済的な問題は一挙に解決する。

しかも、イスラム政党から大統領となったベン・アッベスは、ヨーロッパの重心を南に移す外交政策を取り、ＥＵの拡大を目指す。拡大の対象となるのは、現実にその加盟が問題になってきたトルコだけではなく、モロッコ、チュニジア、アルジェリアである。いずれもフランスの旧植民地であり、移民の供給源である。そして、最後はそこにエジプトが加わる。ベン・アッベスの野望は、地中海周辺諸国を含んだヨーロッパの初代大統領、新たなローマ皇帝になることである。

『服従』において扱われている地政学的な問題については、『帝国の復興と啓蒙の未来』（中田考著、太田出版）で触れられているので、そちらを参照していただきたい。

ここで注目したいのは、イスラム化が進んでいくフランスのなかで、主人公がどういった方向性を選択するかである。

主人公のフランソワは、フランス南部のカトリックの巡礼地ロカマドゥールを訪れ、パリに戻ってくる。その2週間後、大学から通知を受ける。イスラム化されたパリ=ソルボンヌ・イスラム大学は、イスラム教徒ではないフランソワが教職を続けることを禁じるというのだ。その代わりに、月額50万円もの年金が支払われる。

フランスの社会は、オイル・マネーが大量に流入することで国家財政が改善され、郊外の治安も良くなる。そうしたなか、フランソワは、大学の学長から大学への復帰を促《うなが》される。大学での給与は、年金の3倍である。

小説は、フランソワが、イスラム教への改宗の儀礼を受ける場面を想像するところで終わる。その儀礼は、まるでカトリックへの改宗の儀礼のように描かれており、イスラム教の簡素な儀礼とは大きな隔《へだ》たりがある。

何より、彼の改宗を祝ってカクテルパーティが開かれることが、イスラム化された社会という設定に対して違和感を生む。イスラム教では飲酒が戒《いまし》められており、その点がまったく無視されている。パリ=ソルボンヌ・イスラム大学の教授たちは、それまでと同じようにワインを嗜《たしな》んでいるのだ。

作者ウエルベックは、イスラム教について詳しく調べたうえで小説を執筆しているようには思えない。そもそも、著者にはイスラム教への関心は欠けているのだろう。では、なぜイスラム教が取り上げられ、近未来におけるフランスのイスラム化が描かれているのだろうか。

『O嬢の物語』と人間の本質

それを知る鍵となるのが、小説の登場人物で、大学に残ったロベール・ルディジュ教授が、フランソワを自宅に招いた時に言及した『O嬢の物語』である。

『O嬢の物語』は、ポーリーヌ・レアージュの筆名で1954年に刊行された、大胆な性描写を含む官能小説である。作者はドミニク・オーリーという女性で、女性には官能小説が書けないとする恋人に反論するために執筆されたと言われている。この作品を世界的に有名にしたのが、ジュスト・ジャカン監督の映画であり、1975年に公開されている。

主人公の女性Oは、恋人のルネに「ロワッシーの館」に連れていかれ、そこで、性の奴《ど》隷《れい》となって鞭《むち》打たれ、あらゆる性的な凌辱《りょうじょく》を受ける。ところが、Oはそこに快楽を見出していく。しかも、ルネは彼女をステファン卿に譲り渡してしまう。Oは鉄輪を嵌《は》められ、焼き印さえ押されてしまう。Oはステファン卿に服従することで、それまでは感じられなかった幸福を得ていくのである。

『服従』のなかで、ルディジュはこの『O嬢の物語』を信仰に結びつけて、次のように語る。

「『O嬢の物語』にあるのは、服従です。人間の絶対的な幸福が服従にあるということは、それ以前にこれだけの力をもって表明されたことがなかった。それがすべてを反転させる思想なのです。わたしはこの考えをわたしと同じ宗教を信じる人たちに言ったことはありませんでした。冒瀆的《ぼうとくてき》だと捉《とら》えられるだろうと思ったからですが、とにかくわたしにとっては、『O嬢の物語』に描かれているように、女性が男性に完全に服従することと、イスラームが目的としているように、人間が神に服従することの間には関係があるのです。(後略)」

服従は、小説のタイトルでもあり、同書の根本的なテーマである。つまり、主人公が最終的にイスラム教に改宗するのは、服従することへの強い憧れが決定的な要因になっているというわけである。

ただ著者は、その後の展開を、フランソワがルディジュが複数の妻を持っていることに強い関心を抱いているという方向に向ける。一夫多妻が許されることが、主人公にとってのイスラム教の魅力になっていることを示唆《しさ》しているわけだ。

フランソワは、大学で教えるなかで、女子学生たちと気ままに性的な関係を結んでいた。その点からすれば、イスラム教に改宗し、一夫多妻を享受する必要もないはずである。となれば、やはり、『O嬢の物語』のOのように、絶対的な服従への強烈な憧れがあるということになってくる。

革命による宗教破壊

イスラム教は、第2章で論じたように、神への服従を説く宗教である。『コーラン』に記された神のメッセージは絶対であり、変更不可能である。信者はそれに従わなければならない。また、ハディースに記されたムハンマドの言行は、信者の規範であり、それに従うことが求められる。そもそもイスラム教徒を意味する「ムスリム」とは、前述のように神に帰依する者のことである。

このようなイスラム教に、フランス人が惹《ひ》かれていくのは、フランス人のイメージからすると、不可解に思える。なにしろ、フランス共和国のモットーは「自由、平等、友愛」

である。服従することは、自由の対極にあるはずである。

「自由、平等、友愛」というモットーを生んだのは、1789年に勃発したフランス革命である。この革命がフランス社会を大きく変えたのは、まず何よりも、王政が打倒され、共和制が実現されたことにある。王であったルイ16世はギロチン（断頭台）で処刑され、王妃マリー・アントワネットも同様に処刑された。

これは、カトリック教会の権力を奪うことにも発展した。その点について、『キリスト教の歴史2 宗教改革以降』（高柳俊一・松本宣郎編、山川出版社）では、次のように説明されている。

革命以前ではカトリックは国教、国王は国教を代表する宗教的人格であった。一七九三年には革命政府はルイ十六世を処刑し、それに続く「恐怖政治」のあいだに多くの聖職者が追放され、処刑された。教会は閉鎖され、多くの建物が破壊され、宗教美術品や祭具が巷《ちまた》で売りに出された。教会典礼に代わって、「理性の神」の崇拝が導入され、カトリック伝統を払拭するためにグレゴリウス暦を廃止して「共和暦」が導入された。一七九二年九月二十二日から始まり、一年は三〇日から成る一二の月に分けられ、五日が補足として加えられ、閏年《うるうどし》にもう一日「革命の日」が加わった。（中略）革命暦は民衆を伝統的時間感覚に基づく生活から完全に切り離し、カトリック信仰の「迷信」の圧政から解放し、新しい社会をめざすためのものであった。

フランス革命以前の体制は、「アンシャンレジーム（旧制度）」と呼ばれるが、そこでは明確な身分による区別が行なわれていた。第一身分がカトリック聖職者、第二身分が貴族、第三身分が市民・農民、と規定されていた。

カトリック教会は、フランスの国土の多くを所有していた。さらに、農民から収穫物の10分の1を納めさせる「十分の一税」によって莫大《ばくだい》な収入を得ていた。各地域の教会は、日本の江戸時代の寺請《てらうけ》制度（寺院に檀家として所属させキリシタンではないことを証明させる）と同様に、住民の戸籍係の役割を担い、王からの命令も教会を通して伝えられた。

日本では1868（明治元）年、神道と仏教の混交を禁止した神仏《しんぶつ》分離令により、廃仏《はいぶつ》毀釈《きしゃく》の運動が起こり、破壊された仏教寺院も少なくなかった。しかし、日本の廃仏毀釈が民衆の間に自発的に生まれたものであったのに対して、フランスの場合は、革命政府が積極的に推進したものだった。革命政府は、カトリック教会の社会的な影響をなくすための「世俗化」を強力に推進したのである。

やがて、こうした動きは、日本の廃仏毀釈と同様に沈静化していくが、フランス革命は、カトリック教会に大打撃を与えた。その影響は、現在にまでおよんでいる。

序章で述べたように、伊藤博文は、大日本帝国憲法を制定するにあたり、ヨーロッパではキリスト教が国家の機軸をなしていると認識し、それを皇室に求めた。ところがフランスでは、革命によって王政は廃止され、カトリック教会も徹底的に破壊された。伊藤からすれば、革命後のフランスは国家の機軸を失ったように見えたことだろう。

興味深いのは、『キリスト教の歴史2 宗教改革以降』の引用にもあるように、革命政府が「理性の神」の崇拝を導入しようとしたことである。それは、「理性の祭典」「最高存在の祭典」として実行された。新しく、そして世俗化された国家を運営していくためには、カトリック信仰の代替物が必要と考えられたのである。ただし、この二つの祭典は短命に終わっている。

フランス独自の「ライシテ」

このような宗教破壊の動きはあまりに過激で、フランス国民すべてに支持されたわけではない。『キリスト教の歴史2 宗教改革以降』では、「一七九九年までには国民の多数がカトリックの復興を望むことが明らかになった」としている。

そして、国民の求めに従ってカトリック教会の復興が進められ、「教会は地方の地盤を復活させ、司祭の数は大幅に増大し、生命をふき返した」ものの「カトリック国フランスの復活はむなしい夢」に終わったという。

これは、フランス独自の政教分離の原則「ライシテ」を生むことにつながっていく。

ライシテは「世俗主義」「政教分離」などと訳されるが、近年、イスラム教徒の女性が学校でスカーフ（ヒジャブ）を被ったり、ビーチで全身を覆《おお》うブルキニを身にまとったりすることへの是非をめぐる議論を通して、注目されるようになった。この問題が難しいのは、その背景にイスラム教への差別があると考えるだけでは理解できないものがあるからである。

なぜビーチでブルキニを身にまとってはならないのか。それを条例で禁止した自治体は、ビーチを公共空間としてとらえ、そうした空間において、ブルキニのように特定の宗教への帰属をあからさまに示す格好をすることは、政教分離を定めたフランス憲法に違反するとしているのである。

これは、スカーフの問題も同様である。学校は公的な空間であり、そこで、イスラム教のスカーフやキリスト教の十字架などを身につけることは、やはり政教分離の原則に反するというのである。

もちろん、フランスの憲法では、信教の自由が認められている。教会で大きな十字架を身につけても、モスクで女性がスカーフを被っても、それは問題にされない。しかし、学校やビーチなど公的な空間になると、事情が異なる。それが、フランスの考え方である。

これについては、公立学校とビーチでは性格が違い、ビーチでブルキニの着用を禁じることは拡大解釈であるという議論もある。

厳格すぎる公私の区別

フランスにおいて、公的な空間と私的な空間が厳格に区別されていることは重要である。私的な空間、たとえば家庭やそれぞれの宗教の礼拝施設などで、信仰を公《おおやけ》にすることは許されるし、信仰を誇示することも問題はない。ところが、公的な空間になると、信仰を持ち込むことが著しく制約されるのだ。

フランスにおいて、こうしたことは宗教や信仰に限られない。これは必ずしもフランスだけの話ではなく、西ヨーロッパ全体に言えることだが、子どもはスーパーマーケットなどで騒いだりしないように育てられる。親がその点については厳格に躾《しつ》けるようだ。

これは、フランス国内ではなく、タイのリゾートで見かけた光景だが、バスに乗っていた時のエピソードを紹介したい。

バスはガラス窓などない、オープンなものだった。その分、乗り心地は悪く、子どもならすぐに車酔いしそうだった。そこに、フランス人父子が乗り合わせた。子どもは小学校に入学したばかりと思《おぼ》しき年齢だが、バスが揺れるため、気持ち悪そうにしていた。もし日本人の子どもであれば、親に甘えてもたれかかったりするだろう。ところが、フランス人の子どもはじっと耐えていた。親も、子どもをかまうことはなかった。

フランスの歴史学者フィリップ・アリエスの著作に、『〈子供〉の誕生——アンシァン・

レジーム期の子供と家族生活』（杉山光信・杉山恵美子訳、みすず書房）がある。刊行当時、かなり話題になったが、中世のヨーロッパでは、子どもも時代という観念がなく、子どもも大人と同様に扱われていたことを示し、子どもという概念が生まれたのは近代の教育制度ができてからということを論証した書物である。

私も出てすぐに読んだが、今挙げた例から考えると、実は現在でもヨーロッパでは子どもという概念は、日本のような形では確立されていないのではないかと思えてくる。スーパーマーケットで騒ぐ大人がいないように、子どもも大人と同じ行動をとることが求められている。公的な空間では、それがルールなのである。

自分の体は自分のものではない!?

生命倫理について研究している社会学者の橳島《ぬでしま》次郎《じろう》氏は、フランスでは「人の体は物ではなく、人格＝人権の座だ。したがって人から切り離されていても人体とその要素に対する不当な扱いは、人権ないし人の尊厳に対する侵害となる」と述べている（「産経新聞」2015年3月5日）。

この記事でははっきりと述べられていないが、糀島氏本人から直接話を聞いたところでは、フランスではたとえ自分の体であっても、それは体の持ち主である本人がどのように扱っていいものではないという。

日本では、自分の体をどのように使っても、それは個人の自由という考え方が主張されることが多い。しかし、それはフランスでは通用しない。個人の肉体の使用権は制限を受けているのである。

キリスト教カトリックの考え方からすれば、個人の肉体は神による創造物であり、本来、神のものである。カトリックの総本山バチカンが、生命倫理の議論に絶《た》えず介入してくるのは、そうした考え方が背景にあるからである。

ところが、フランスでは、革命によってカトリック教会の権力は打倒され、政教分離が推し進められた。したがって、生命倫理を確立するうえで、カトリックの信仰は考慮されない。ただし、カトリックの論理構造が、世俗化された形でフランスの生命倫理思想に影響を与えており、個人の体に公的な性格が与えられているのである。

自分の体は自分のものではなく、勝手に使うことができない。この点が、フランスにおいて、官能小説『O嬢の物語』が誕生した背景にある。

Oはフランスの社会に生きている限り、公的な倫理の制約を受け、それは性生活にもおよぶ。そうなれば、ひたすら快楽を求めるなど、一般的常識からはずれた異常な行動を取ることができない。

ところが、ロワッシーの館などの私的な空間においては、倫理的制約からすべて解放され、あらゆる快楽に身を任せることができる。特に重要なのが、鞭に打たれることである。打たれれば、それは激しい痛みをともなう。だが、痛みを感じることによって、Oは自らの肉体が自らのものであることを確認できる。男たちの欲求に従って、次々と身を任せていくのも、自らの肉体を自由に使う権利を回復するためなのである。

裸《ヌード》になりたがる人たち

これと似た話を聞いたことがある。それは、ライターの亀山早苗《かめやまさなえ》氏から不倫について取材を受けた時のことだ（亀山早苗著『人はなぜ不倫をするのか』SB新書）。

亀山氏がかつて、フランスの高級別荘地へ行った時のこと。そこは昼間は健康的なヌーディストビーチだが、夜になると海の家が怪《あや》しげなパーティ会場に変わり、全裸に網《あみ》のドレスだけをまとった女性や、半裸の男性が手をつないでやってくる。それぞれの建物で行なわれているのは乱交パーティのようなもので、入口にはカップル、シングル、同性愛者などと書かれている。年齢層はかなり高く、皆、裕福そうに見えたという。

亀山氏が彼らに対して、なぜここへ来たのかと質問すると、「ここに来ると決めただけで興奮した」「この年齢になったから、夫婦でここに来ようと話し合ったの。最後に来てみたかったのよ」と答えたという。

亀山氏は、なぜ彼らが町から隔離され、きちんと準備された乱交パーティの現場に来ることがそれほど興奮を招くのか、不思議だったという。彼女はそのことに長年疑問を抱いていたらしく、取材の折に宗教との関係を聞かれた。「彼らは神を裏切ってその場に来ることに意味を見出しているのではないか」というわけだ。

その場所は、地中海に面するキャップ・ダグドで、亀山氏の言う通りの場所のようだが、私は彼女の質問に対して、『O嬢の物語』を例に引きながら答えた。

キャップ・ダグドの海の家は、『O嬢の物語』におけるロワッシーの館に相当する、私的な空間なのである。そこでは、通常の社会生活では許されないことがすべて許される。フランス人のカップルは、年老いてからそこに行くことに強い喜びを見出している。逆に言えば、彼らはそれだけ日常の生活のなかで抑圧されてきたとも言える。

ヌーディズム自体がフランスを含めたヨーロッパでは盛んで、すべての衣服を取り去り、裸になることから強い解放感を得ている人たちが少なくない。

服従への欲求

ここで思い起こされるのが、フランスの哲学者ミシェル・フーコーの権力論である。彼の代表作のひとつ『監獄の誕生――監視と処罰』（田村俶訳、新潮社）では、ヨーロッパにおける刑罰が、鞭打ちなど身体に対して直接に罰を下すものから、精神に対して加えられるものに変化したことを問題にする。

それは、一見すると、人道上の観点から好ましいものに思える。ところがフーコーは、刑罰の加え方は残虐《ざんぎゃく》なものでなくなっているものの、兵士の訓練や学校、病院（精神病院）などでは、そうした動きと並行して、訓練や規律が徹底して重視され、効率的で従順な身体が作り上げられるようになったと批判的に分析していく。

近代の日本でも、軍隊や学校では規律の徹底がはかられた。それ以前の日本人は、足を揃えて行進することからしてできなかった。しかしそれでは、戦場などにおいて集団行動を取ることができない。

フランスでは、そうした権力による監視が、軍隊や学校といった閉じられた空間だけではなく、公的な空間全体に拡大されたと見ることができる。前述のように、親は子どもが公的な空間で大人としてふるまえるよう厳しく躾けるからである。

それは精神的な拘束であり、彼らはその拘束から逃れることを潜在的に望んでいる。それが、『O嬢の物語』を生み、キャップ・ダグドを生むことに結びついたのである。

ただ複雑なのは、権力からの解放を、人々は単純には望んでいないことである。権力による拘束を徹底して望まないなら、その権力を打倒するという道がある。これはまさに、フランス革命を繰り返すことである。

もちろん、フーコーが指摘しているように、現代の権力はかつての権力とは異なり、あからさまにその姿を現わしたりはしない。学校は教育を与えてくれる場であり、そこに通う生徒や学生に恩恵をもたらしてくれる。目に見えない権力は巧妙に攻撃されることを回避しようとするのだ。

それも、権力が二重性を持っているからで、拘束し自由を奪ういっぽうで、それにすがることで、その人間の安全を保障し、絶対的な安心感を与えてくれる可能性を有している。『O嬢の物語』やウエルベックの『服従』は、その点を示唆している。何者かに服従することへの強い憧憬《しょうけい》が、フランスの社会に存在するのである。

Oは自由を奪われ、性的に拘束された。彼女をそうした場に連れていったのは彼女の恋人であり、恋人の欲望を満たすということが、彼女がロワッシーの館において服従の生活を送る意味になっていた。ところが、Oは恋人からステファン卿に譲り渡される。ステファン卿は、彼女の恋人でもなんでもない。単に彼女を服従させる相手にすぎない。もう彼女には、服従しなければならない理由などないはずである。だが、彼女は服従すること自体に喜びを見出していくのだ。

ウエルベックは『服従』のなかで、イスラムという宗教に服従することの至福を描き出しているわけではない。主人公がイスラム教に改宗することについても、経済的なことや、一夫多妻が可能になることが理由として挙げられている。

だが、作者がこうしたテーマに行き着いた背景に、神に対する絶対的な服従を求めたいという潜在的な欲求があることが認められるのではないだろうか。それは、作者に限らず、革命によって教会権力を破壊したフランス人一般にも、認められる欲求だろう。さらに言えば、それはキリスト教の衰退が著しいヨーロッパ全体にあてはまる。

無宗教の先にあるもの

ヨーロッパでキリスト教が大きく衰退していることについては、序章で触れた。実際、ヨーロッパでは、教会離れが急速に進んでいる。それは、単にキリスト教から離れるということではなく、「無宗教」へ向かうということである。

日本では、以前から無宗教を標榜する人間が多かった。「宗教は何か」と聞かれて、「無宗教」と答える日本人が多かったわけである。しかし、日本人の無宗教は、宗教との関係を断ち切るものではない。無宗教と言いつつも、神社に参拝に行き、キリスト教式の結婚式を挙げ、仏教式の葬儀を挙げる。

ヨーロッパでは、キリスト教が広まっていく過程において土着の宗教、たとえばゲルマンやケルトの宗教などは徹底して抑圧され、消滅への道を歩んだ。それらの残滓《ざんし》は文学や音楽、絵画などに見られるかもしれないが、普段の生活のなかで、ゲルマンやケルトの信仰に触れられるわけではない。触れようとしても、もう残っていないのだ。

となれば、ヨーロッパの人間は教会を離れてしまえば、まったく宗教とはかかわらない生活を送るようになる。しかもフランスでは、ここまで見てきたように、公的な空間までもが無宗教化されている。

日本で言われる無宗教と、ヨーロッパにおける無宗教とはまるで違う。日本なら、無宗教を標榜している人間でも何かあれば、前述のように神社仏閣を訪れ、そこで祈りを捧げる。だが、ヨーロッパでの無宗教とは「無神論」の意味でもあり、いかなる形でも神にすがったりはしない。

そうなると、どのようにして道徳を教えるのだろうか。

明治時代、ラブレー博士が新渡戸稲造に問いかけたように、ヨーロッパの人間に対して、「あなたがたの学校には、宗教教育がないとは！　では、いったいどのようにして子弟に道徳教育を授けるのですか」と問いかけてみたくなる。

フランス革命が勃発した際にはその点を考え、理性の祭典が開かれたりしたわけだが、まったく定着しなかった。それが、理性が神の代わりにならないことを示しているかどうかは議論のあるところだろう。しかし、現代の無宗教化したヨーロッパの人間は、人間の理性に拠《よ》り所《どころ》を求めるしかない。

ヨーロッパ的な無宗教には、どうしても不安がつきまとう。いったい人間は、宗教以外に社会の機軸となるものを見出すことができるのだろうか。宗教が一掃された時、そこには根源的な不安が残されることになるのではないか。

その予感がウエルベックの『服従』を生み、ベストセラーに仕立て上げた。もちろん、そこにはテロの大きな影響があったわけだが、それだけではないだろう。

『コーラン』では、「慈悲あまねく慈愛深き神」というフレーズが繰り返し使われる。また、神が赦しを与えてくれる存在であることについても繰り返し言及される。神は人間の運命をすべて司《つかさど》る絶対の存在であるいっぽう、根本的に寛容な存在としてとらえられている。だからこそ、イスラム教徒は神に帰依することができるわけで、神の絶対性だけが強調されれば、それは不可能だ。

もちろん、今後、移民ではない一般のヨーロッパ人にイスラム教の信仰が広がっていくとは考えにくい。一部では改宗する人間もいるようだが、長い時間をかけて無宗教の方向に向かってきた以上、簡単に逆戻りすることはないだろう。

だが、無宗教が広がり、それと反比例して、イスラム教を信仰する移民が増えていけば、絶対的なものにすがることができない不安は拡大していく可能性がある。その時、AIが帰依の対象となっていくのだろうか。次章では、そのことについて考察したい。

第4章

デジタル毛沢東主義

『一九八四年』の再評価

理想の社会のことを、「ユートピア」と呼ぶ。これは、イギリスの法律家であり、思想家であったトマス・モアが1516年に書いた著書のタイトルに由来する。ユートピアとは、「どこにもない場所」を意味している。

理想の社会が実現することは、誰にとっても好ましいことであるはずだが、社会を理想の状態にするためには、その社会を管理する必要がどうしても出てくる。まったく管理しない社会になれば、秩序を保つことが難しい。したがって、ユートピアには、極端な管理社会に陥《おちい》る危険性がある。そうした社会は、ユートピアとは正反対の「ディストピア」である。

そもそも、人間は究極の幸福を思い描くことが必ずしも得意ではない。それは、天国と地獄の描写に表われている。概して、天国が抽象的で魅力に乏《とぼ》しいのに対して、地獄の様子は凄惨《せいさん》をきわめたものとして、ある意味、生き生きと描かれる。

ディストピアを描いた小説として名高いものが、イギリスの小説家ジョージ・オーウェルの『一九八四年』(〔新訳版〕高橋和久訳、ハヤカワepi文庫)である。近年は、作家の村上春樹《むらかみはるき》がこれに触発されて『1Q84』（新潮文庫）を書いたことで、オーウェルの小説に改めて関心が集まった。アメリカでは、トランプ大統領の誕生によって『一九八四年』がベストセラーのトップに躍り出るという現象も起こっている。『一九八四年』には、「ビッグ・ブラザー」という独裁者が登場するが、そのイメージがトランプ大統領と重なったのだ。

『一九八四年』が刊行された1949年は、世界全体に甚大な被害をもたらした第二次世界大戦が終焉《しゅうえん》を迎えてまもない時期にあたる。

戦争に至る過程で、ドイツや日本などで全体主義の国家が台頭したことが、この小説の刊行に深くかかわっていたが、戦後は東西の冷戦の時代が訪れ、共産主義のソ連が全体主義の権化《ごんげ》と見なされるようになった。そのため、『一九八四年』は、共産主義批判の書物としてとらえられるようになり、その面で評価されていくこととなった。

戦争は平和なり、自由は隷従なり、無知は力なり

小説『一九八四年』で描かれる1984年の世界は、オセアニア（アメリカ大陸とイギリス、オーストラリア、アフリカ南部）とユーラシア（ヨーロッパからロシア極東）、そしてイースタシア（中国や日本といった東アジアを中心）の三つの超大国に分割されている。

物語の舞台はオセアニアにある、かつては「イギリス」と呼ばれたエアストリップ・ワンの最大都市ロンドンである。三つの超大国は絶えず戦争を繰り返しており、同盟関係は頻繁《ひんぱん》に変化する。そのために、絶えず歴史を改竄《かいざん》する必要が生じる。真理省においてその作業に従事しているのが、主人公ウィンストン・スミスである。

オセアニアは一党独裁の国家で、国民の行動は双方向の「テレスクリーン」で監視されている。独裁体制を象徴するのが、至るところに掲示されている「ビッグ・ブラザーがあなたを見ている」という標語である。ビッグ・ブラザーこそ、オセアニアの独裁者である。

そして、巨大なピラミッド型の建物である真理省の壁面には、次のような党のスローガンが浮かび上がっている。

戦争は平和なり

自由は隷従なり
無知は力なり

オセアニアの公用語は「ニュースピーク」と呼ばれるが、それは語彙《ごい》が制限され、自由な議論や空想ができないようになっている。それでは国民の間に欲求不満が募《つの》るが、その不満は、敵国に対して激しい憎しみを投げつける「憎悪週間」において解消される仕組みになっている。

ウィンストンは体制の維持ための仕事を続けながら、古道具屋で見つけたノートに日記をつけ始める。これは、役人が所属する唯一の政党の党員に禁じられている行為であり、テレスクリーンで見られないようにして続けていく。そして、党に対する疑いを強めるとともに、ジュリアという女性と知り合い、隠れての逢《あ》い引《び》きを続けるようになる。

当然、そうした行動が許されるわけもなく、結局、ウィンストンはジュリアとともに囚《とら》われ、愛情省において尋問され、拷問を受ける。それによって、ウィンストンの個人的な信念は徹底して破壊され、党の思想を叩き込まれる。そのうえで彼は銃殺されるが、物語は、「彼は今、〈ビッグ・ブラザー〉を愛していた」で終わる。

この最後の場面が共産主義の社会をモデルにしていることは明らかである。あるいはそれは、自由主義圏に属している人間が共産主義政権に対して抱くイメージなのかもしれないが、戦後、共産主義の政権が成立した中国（中華人民共和国）では、「学習」という名の下《もと》に、洗脳（思想改造）が行なわれていた。

洗脳の対象となったのは、朝鮮戦争で捕虜となったアメリカの軍人たちである。ただし、アメリカの精神科医ロバート・J・リフトンの研究によれば、中国が行なった洗脳は、むしろ「学習」という言葉がふさわしい穏便なもので、虐待《ぎゃくたい》などは含まれない。学習では共産主義の思想を学ばせ、それは捕虜が納得するまで続けられる。それによって、捕虜たちは共産主義者に改造されていくのだが、アメリカに帰国すれば、すぐにその影響から脱した。洗脳状態が維持されるには、社会的な環境が整えられている必要があるわけである（ロバート・J・リフトン著、小野泰博訳『思想改造の心理――中国における洗脳の研究』誠信書房）。

中国清朝《しんちょう》の最後の皇帝で、廃帝となったあと、日本が建国した満州国の皇帝となった愛新覚羅溥儀《あいしんかくらふぎ》も戦後、撫順《ぶじゅん》戦犯管理所において思想改造を受けている。それが具体的にどのようなものであったかは、『わが半生――「満州国」皇帝の自伝』上・下（小野忍・新島淳良・野原四郎訳、筑摩書房）に描かれている。

アメリカ人捕虜の件から考えれば、実際に洗脳という手法が有効なのかどうか、議論になるところである。ここでは洗脳ではなく、物語のなかに出てくる重要なアイテム「テレスクリーン」に注目したい。

実現された「テレスクリーン」

テレスクリーンは、英語の原文では、“telescreen”である。英和辞典を引くと、オーウェルの『一九八四年』に登場する装置と解説されている。その点では、オーウェルの造語ということになるが、著名なSF作家ロバート・アンスン・ハインラインも、この言葉を同時期の作品で使っている。テレビ＋スクリーンという成り立ちから考えて、SF作家なら容易に思いつきそうな言葉である。

テレスクリーンという言葉からは、交信可能なテレビのイメージが浮かぶ。ただし、

『一九八四年』のなかでは、テレスクリーンは「曇《くも》った鏡のような長方形の金属板」とされ、そこから党からの情報が音声で流されると説明されている。音を小さくすることはできるが、完全に消すことはできない。「テレスクリーンは受信と発信を同時に行なう。声を殺して囁《ささや》くくらいは可能だとしても、ウィンストンがそれ以上の音を立てると、どんな音でもテレスクリーンが拾ってしまう」という。

これだと、マイクを兼ねたスピーカーということになるが、「さらに金属板の視界内に留まっている限り、音だけでなく、こちらの行動も捕捉されてしまう」とされており、映像を通して人々の行動を監視している可能性も示唆されている。

ここでの描写はかなり曖昧《あいまい》である。スクリーンであれば、そこには何らかの画像が映し出されるはずだ。だが、はっきりとテレスクリーンにそうした機能があるとはされていない。カメラ機能があるのかどうか、その点も明確には示されていない。なにしろ、ウィンストンはテレスクリーンの仕組みを理解していないし、どうやらそれは知ることのできない秘密になっているようである。

イギリスでは、戦前の1936年から、BBC（英国放送協会）によってテレビ放送が開始されている。オーウェルの国には、逸早《いちはや》くテレビが存在したわけである。

しかし、テレビが一般に普及するようになるのは、『一九八四年』出版後の1950年代になってからである。少なくとも、『一九八四年』刊行当時の読者には、テレビはまだ馴染《なじ》みのないものだったはずだ。だからこそ、テレスクリーンの説明には曖昧さがつきまとうのである。

その後、イギリスのみならず世界各国でテレビが普及し、ほとんどの家庭にテレビがある時代が訪れた。さらに、パーソナルコンピュータ（パソコン）の普及によって、モニターとしてのスクリーンも珍しいものではなくなった。携帯電話がスマートフォン（スマホ）に急激に替わられたのも、スマホにはそれなりの大きさのスクリーンが備わっているからである。

監視の機能を持った装置ということでは、「監視カメラ」の開発と普及が進んできた。

1969年にアメリカのベル研究所によって、光を電気信号に変換するCCDイメージセンサーが開発され、CCD式ビデオカメラを生むことにつながる。これが監視カメラ、防犯カメラの開発に結びつき、1970年代に入ると日本でも設置が進む。『一九八四年』

のテレスクリーンは、監視カメラとして実現されたのである。

監視カメラの急速な普及

監視カメラの普及には、実はキャッシュディスペンサーが深く関係している。キャッシュディスペンサーは、今日《こんにち》のＡＴＭ（現金自動預払《あずけばらい》機）の前身で、現金の支払いや残高照会程度の機能しかなかったものの、手軽に現金が引き出せる画期的な装置だった。キャッシュディスペンサーを監視するために、監視カメラが普及していったのである。

普及が進めば装置の価格は低下し、導入が容易になる。特に１９９５年に起こった地下鉄サリン事件は、監視カメラを広く普及させることにつながった。21世紀に入ると、コンビニにＡＴＭが設置されたことも、監視カメラの普及に一役買った。

私は２００５年10月から２００８年3月まで、東京大学先端科学技術研究センターで、特任研究員として「安全・安心な社会を実現するための科学技術人材養成」のプロジェクトにかかわった。私は地下鉄サリン事件のような宗教団体によるテロリズムの研究を行ない、公開シンポジウムやセミナーなどを開いたが、その関係で、警察関係者の講演に接する機会があった。

警察関係者が力説していたのが、監視カメラの普及の必要性である。監視カメラが街に設置されれば、事件の解決や犯罪防止に大いに役立つというのである。

その話を聞いてからおよそ10年の歳月が流れたが、今や、街の至るところに監視カメラが設置され、犯罪捜査には不可欠な道具になっている。監視カメラの設置による犯罪の抑止効果についての研究も進んでいるが、監視カメラを設置したところは減少しても、その周囲で犯罪が増加するという結果も出ている（深谷昌代・政策研究大学院大学修士課程修士論文「防犯カメラの設置による窃盗犯罪の抑止効果について――大阪市を事例として」）。

監視カメラがテレスクリーンと異なるのは、録画機能があることである。『一九八四年』では、テレスクリーンで監視しているのは「思考警察」だが、その監視方法については、次のように述べられていた。

　どれほどの頻度《ひんど》で、またいかなる方式を使って、〈思考警察〉が個人の回線に接続してくるのかを考えても、所詮《しょせん》当て推量《ずいりょう》でしかなかった。誰もが始終《しじゅう》監視されているということすらあり得ない話ではない。しかしいずれにせよ、かれらはいつでも好きなときに接続できるのだ。

ここでは、テレスクリーンに録画機能があることは想定されていない。監視する側は、スクリーンを通して直接モニターするしかない。それでは膨大な人員を要するし、常時監視していることも難しい。だから、主人公には、自分の行動がどの程度監視されているのか、それがはっきりとはわからないのだ。

現在の監視カメラは、常時モニターするものではなく、多くはあとで録画を確認する形で利用される。犯罪が起こっている現場を生《なま》で監視するわけではない。犯人や被害者の足どりを、犯罪が起こってから、録画で検証するわけである。これで十分犯罪捜査に役立つわけだが、その瞬間に犯人を検挙することはできないのだ。

AIによる劇的変化

ところが、監視カメラにＡＩが組み込まれると、犯罪を起こしたと同時に、犯人の検挙が可能になる。その実用化を推し進めているのが中国である。

中国では、犯罪防止プログラムである「スカイネット」計画が実行に移されている。この計画に従って、ＡＩを内蔵した監視カメラが２０００万台設置されている。この監視カメラは、歩行者や自動車を運転しているドライバーの顔をズームアップでとらえることができる。さらには、車の色や車種、歩行者の年齢・性別・衣服の色まで詳細に判別できる。

監視カメラに搭載されているＡＩは、ＧＰＳ（衛星利用測位システム）や顔認証システム、さらには当局の犯罪者のデータベースとつながっている。たとえば、街で罪を犯した人物を顔認証システムによって個人として特定し、その人物が犯罪者データベースにある人物と一致すれば、ＧＰＳを使って居場所を即座に探し出し、近くで警報が鳴るとともに、警察官が駆けつけて逮捕できる。現代の中国では、まさに『一九八四年』の世界が実現されているのである。

２０１７年４月、広東《カントン》省の深圳《しんせん》では、信号を無視して道路を渡った歩行者を、監視カメラが顔認証システムを駆使して、道路脇のＬＥＤモニターに映し出すといったことも起こっている。こうした監視システムは、汚職で逃亡した官僚を探し出し、その財産を没収するためにも用いられている。

すべての個人情報がひとつに

中国では2014年6月から、約13億8000万人の中国国民の社会的・経済的な信用度を評価するための「ソーシャル・クレジット・システム（社会的信用システム）」の構築を始めている。

これは、2020年までに個人情報すべてをデータベースで管理し、国民を番号で管理するシステムを完成させようという試みである（「産経新聞」2017年12月1日）。

このプロジェクトには、中国でのインターネット通販の最大手であるアリババ・グループなど、八つの大手企業がかかわっている。問題は、アリババ・グループ傘下にあるアント・フィナンシャルが、独自の信用システム「芝麻信用（セサミ・クレジット）」を作り上げ、膨大で詳細な個人情報を握っている点である。

この芝麻信用は、アリババ・グループのスマホベースの決済システムである「アリペイ

（Alipay、支付宝）」と結びついている。中国ではこうしたシステムが急速に普及しており、アリペイと競合するものとしては、テンセントが提供する「ウィチャットペイ（WeChatPay、微信支付）」がある。

これらの決済システムの機能について、中国の経済事情に詳しく、コンサルティング業務に携わる田中信彦《たなかのぶひこ》氏は次のように説明している（「Business Leaders square wisdom」2017年4月11日）。

物販や飲食などリアル店舗やネットショッピングでの支払いのみならず、納税や年金授受、電話料金など各種公共料金の支払い、ローンの返済、列車や飛行機、ホテルなどの予約・支払い（デポジット機能も含む）、個人間の中国版お年玉「紅包（ホンバオ」や慶弔金《けいちょうきん》などの授受、金銭の貸し借りなどあらゆる決済の中核を担う。個人の余裕資金の運用商品や日本でいう消費者金融のような仕組みもある。中国での日常的生活はスマホ決済なしでは不便で仕方がない。筆者も日常的に使用しているが、どちらかのアプリに一定のお金がチャージしてあれば、現金はほぼ不要だ。

これだけアリペイやウィチャットペイが利用されていると、利用者である個人がどういった生活を行ない、どの程度の資産を持っているかまでわかってしまう。さらには、借金や交通違反で反則金を支払ったことなどもわかり、個人間の資金のやり取りも把握できる。

芝麻信用では、支払履歴だけではなく、個人の学歴や職歴、マイカー・住宅・資産の保有状況、さらには交友関係をポイント化し、信用度の格付けを行なっている。信用度は、350点から950点の間で点数化されている。

点数化される領域は、①身分特質（ステイタスや高級品消費など）、②履約能力（過去の支払い履行能力）、③信用歴史（クレジットヒストリー）、④人脈関係（交友関係）、⑤行為偏好（消費面の際立った特徴）の五つである。

そして、950〜700点が「信用極好」、699〜650点が「信用優秀」、649〜600点が「信用良好」、599〜550点が「信用中等」、549〜350点が「信用較差（やや劣る）」とされる。点数を上げるには、税金や公共料金、家賃などをきちんと納め、信用力のある友人たちとつきあい、収入を増やして、支出を計画的に行なわなければならない。

芝麻信用による信用度は、他の企業も利用している。北京《ペキン》市のレンタルマンションの大手企業は信用度の高い顧客を優先、優遇するが、低い人間に対しては予約を断ることがある。さらに芝麻信用は、結婚の紹介サービスや企業への就職の際にも活用されている。

こうした動きは、民間企業だけではなく、官庁にも広がっており、貴州《きしゅう》省では、芝麻信用と利用協定を締結し、「信用度の高い者を支援し、低い者を懲戒《ちょうかい》する」措置に乗り出している。中国には、独自の個人情報管理ネットワークがあるが、それが、民間のネットワークと連結しようとしているわけだ。

なぜ中国はこうした方向に動いているのか。

田中信彦氏は、「これまで中国社会で最も欠けていたものが信用だったからだ」と述べている。国民の間に相互の信頼関係が築かれておらず、その分、取引のコストがかかっていた。それを低減するためには、信用度システムを活用することによって、「品行方正」な人間を増やしていかなければならないというのだ。

このようなシステムを、日本を含む他の先進国で導入しようとすれば、抵抗は相当なものになるだろう。ところが、そうした国々と中国とでは、個人のプライバシーについての考え方がまるで違う。

田中氏によれば、「快適かつ安全な社会の実現はプライバシーに優先する」というのが現在の中国社会のコンセンサスなのである。

電脳監視社会

最近では、このような中国の体制を指して「デジタル・レーニン主義」という用語が使われている。これはドイツの政治学者で、メルカトル財団中国研究所のセバスチャン・ハイルマン所長が提唱したものであり、「デジタル全体主義」と呼ばれることもある。

国家、特に社会主義や共産主義の国家、あるいは全体主義の国家は国民を監視し、その行動が逸脱しないよう目を光らせる。それはソ連でも、ナチス・ドイツでも、軍国主義下の日本でも、共通に見られたことである。

監視するといっても、監視役となるスパイを社会のなかに送り込んだり、日本の隣組《となりぐみ》

（1940年に作られた最末端の政治協力組織）のような相互監視の仕組みを構築したりしなければならない。デジタル・レーニン主義は、それを最新のテクノロジーの力で、AIの力も借りながら実現しようとするものである。

その背景には、中国国内における治安維持費の増大がある。

「ウォール・ストリート・ジャーナル」は2018年3月7日に「中国の国防費超える治安維持費、その意味とは」という記事を掲載した。

それによれば、中国では国防費の伸びが顕著だが、国内治安維持費のほうがはるかに速いペースで増加しているという。治安維持費は国防費（1兆200億元《げん》）をおよそ20パーセント上回り、2017年には1兆2400億元（約20兆8800億円）となり、政府支出の6・1パーセントを占めた。治安維持費が国防費を上回る傾向は、2010年から始まっている。

これによって中国国内の治安は改善されてきたようだが、それは人権侵害を引き起こす危険性があることを意味している。

「朝日新聞」2018年3月14日の記事「騒乱10年封じられるチベット　抑圧強める中国

政府」では、それがレポートされている。使われている写真には、道路のかなり低いところに設置された監視カメラの下を、スマホを持って歩いているチベット族の僧侶が写されていた。

中国では、インターネットに対する規制が厳しい。ライターの山谷剛史《やまやたけし》氏によれば、それは主に二つの形で行なわれているという。

ひとつは、中国国内における規制であり、政府の転覆やポルノ、暴力を想起させるものについてはNGワードが設定され、問題の発言が抽出される。最終的には人の手によって確認され、規制されることになる。

もうひとつは、国外のインターネットに接続することに対する規制である。それは「サイバー万里の長城」、あるいは「グレートファイアウォール（GFW）」と呼ばれており、中国国内からグーグル、フェイスブック、ツイッター、ユーチューブなどにはアクセスできなくなっている。これは中国の国策であり、その点について、山谷氏は次のように説明している（「文藝春秋」2017年11月号）。

中国は1990年代後半から、「網境」（国境のネット版）を用意すると発表してきた。さらに近年では、自国のネット環境は自国で管理するという「ネット主権」まで提唱している。特に近年、アフリカ各国などから要人を招集する国際会議「世界インターネット大会」（国家インターネット情報弁公室等が主催）において、中国はネット主権を強く訴えるようになった。中国のネットは「世界に繋《つな》がるインターネット」と真逆の方向に加速している。

インターネットは規制しやすい⁉

現在の中国は、中華人民共和国という形態を取り、中国共産党によって支配されている社会主義、共産主義の国家である。その成立は、第二次世界大戦後の1949年だが、大躍進政策（1958～1961年）や文化大革命（1966～1976年）によって、経済的困難や政治的混乱を経験する。

私は、戦後の中国をリードした毛沢東《もうたくとう》が亡くなった翌年の1977年に中国を訪れたことがあるが、まだ中国の人々の生活は貧しく、男性はほとんどが人民服を着ていた。私が、個人の旅行が制限されていたその時期に中国を訪れることができたのは、教育と医療についての友好使節団に加わったからだが、北京大学については、文化大革命による混乱が収まっていないとして訪れることができなかった。

私が中国を訪れた翌年の1978年、鄧小平《とうしょうへい》が最高指導者となり、社会主義の体制を維持したまま市場経済を導入する経済開放政策を取るようになる。これが成功を収め、中国は「世界の工場」として飛躍的な発展を遂げるのである。

グローバル化が進む現代において、経済を発展させることは、世界とつながることであり、中国もその例外ではない。国外とのつながりが増せば、国内にさまざまな情報が入ってきて、人々は自由を求めるようになる。しかしそれは、体制を維持するには不都合である。実際、1989年に民主化を求める天安門《てんあんもん》事件が起きた。

そこで、国外との交流を制限する必要が生じるわけだが、インターネットの普及は、かえってそれを容易にしている。インターネット上にはあらゆる情報が氾濫《はんらん》しているが、そこに規制をかければ、一挙に情報環境を遮断し、体制を脅かすような情報の流入を防ぐことができるからである。

その点では、中国政府は巧《たく》みに情報規制、情報遮断を行ない、現在の政治体制に対する批判の声が上がることをあらかじめ防いでいることになる。

『一九八四年』のオセアニアのように、テレスクリーンで監視するには膨大な人員が必要で、実際それは不可能だが、インターネットなら、その大本《おおもと》を規制すれば、管理が容易で、監視の目を行き渡らせることができる。しかも、中国政府は、ネット主権を主張することによって、規制強化を正当化しているのである。

これが、中国独自のやり方であるならば、デジタル・レーニン主義という表現は適切ではないかもしれない。それは「デジタル毛沢東主義」、あるいは「デジタル・マオイズム」と呼ぶ必要があるだろう。

急速に変化している中国

２０１７年８月４日、中国インターネット情報センター（ＣＮＮＩＣ）は、第40回の「中国インターネット発展状況統計報告書」を発表した。

それによると、中国におけるネットユーザーは同年６月時点で７億５１００万人に達したという。中国のユーザーは世界の5分の1を占め、インターネット普及率は世界平均を4・6ポイント上回る54・3パーセントだった。

モバイルネットユーザーも7億2400万人に達し、2016年末より2830万人も増えている。ネットユーザーのなかで携帯電話を通して接続する比率は、2016年末の95・1パーセントから96・3パーセントに上昇した。

成長が著しいモバイルオンラインデリバリーアプリのユーザー数は、2016年末から41・4パーセントも増え、2億7400万人に達した。モバイル決済サービスの利用者数は5億2000万人で、4億6300万人のネットユーザーが実際の店舗で消費する際に携帯電話で決済している（「Science Portal China」2017年8月7日）。

世界的にインターネットが普及したのは1990年代以降であり、本格的な普及は21世紀になってからである。その背景には著しい技術革新があるわけだが、1989年にベルリンの壁が崩れ、冷戦に終止符が打たれることで、グローバル化が進展したことが大きい。グローバル化によって世界はひとつにつながったが、それを推進し、またその象徴がインターネットだった。

中国が経済力を高めていくためには、インターネットの積極的な利用は不可欠である。実際、中国では、他国に見られないほど積極的な利用がはかられており、世界も注目している。

デジタル化が進んだ、後れた社会

デジタル毛沢東主義の特徴は、プライバシーの問題があらかじめ解決されていることにある。中国国内でも、インターネットに制限を加えることに対する反発の声も上がっているが、そうした声は規制され、そもそも中国のインターネットに載《の》りにくい。批判がないまま、現実がどんどん進行しており、中国はデジタル化がもっとも進んだ社会になってきている。

何よりも、デジタル毛沢東主義がもたらすものが、中国の人々にとって便利であることが大きい。監視カメラや顔認証のシステムについては、それが社会の安全、治安の改善に結びつくという点で、中国の国民は受け入れている。また、それによって関連技術が発展し、中国の経済力の向上にも結びついている。

デジタル毛沢東主義の中国は、最先端の情報技術産業の一大実験場になっているわけだ。これが可能なのも、他の先進国では細心の配慮が必要な自由やプライバシーの問題をそれほど考慮する必要がないからである。

そうしたシステム化が過度に進んだ社会のなかに生きる人間は、それに対して反抗することが難しい。反抗すれば、それは信用度を落とすことにつながり、さまざまな場面で社会的不利益を被《こうむ》る可能性が高いからである。

しかも、中国でこうした実験が進行していくことは、他国にとっては脅威である。他の先進国においては自由やプライバシーが優先され、インターネットに対する規制は難しい。急にグーグルや各種のＳＮＳが使えなくなったら、あるいは自由に情報にアクセスできなくなったら、大きな不満が生まれることはまちがいない。規制に反対する声は、大いに高まるだろう。

ただ、先進国ではなく、これから経済発展を目指しているような国では、受け取り方は異なるはずだ。中国は重要なモデルとなり、ネット主権という考え方も評価されるに違いない。そもそも、そうした国では民主主義は未成熟で、自由が抑圧されている可能性がある。中国と同じように、そのような状況を活《い》かして、インターネットに規制をかけつつ、社会のデジタル化を一挙に推し進める可能性がある。

デジタル化の場合、鉄道網や道路網など、費用も技術も必要な従来型インフラと異なり、インターネット環境を整えることは容易である。それまで十分にインフラが整っていない国において、急速に携帯電話やスマホが普及し、デジタル化が進むことが考えられる。後れているからこそ、モバイルネットワークの活用で乗り越えようとするわけだ。

こうなると事態は複雑になる。それはすでに中国社会の急速なデジタル化で実現されていることでもあるが、先進国のほうがその面で後れ、これまで後れを取っていた国々のほうが進んでしまうことにもなる。

それは、やがて生産力にも反映され、デジタル化が進んだ社会では次々と新しいモノや技術が生まれ、それが経済力を向上させることに結びついていくであろう。逆に、先進国ではネット化が進まず、技術革新も進まない。そこに逆転現象が起こるのである。

迫られる二者択一

これからの人類は、ネット化が進んでいて自由はないものの便利な社会と、ネット化が阻まれて便利さは劣るものの自由が確保された社会——このどちらを選択するか、二者択一を迫られるかもしれない。

20世紀は全体主義が台頭し、それに対して自由を確保するための戦いが繰り広げられた。ドイツにはナチズム、イタリアにはファシズム、日本には軍国主義が広まり、世界大戦へと突き進んでいった。戦争は全体主義の敗北に終わったものの、戦勝国のソ連には共産主義が、そしてアメリカでは赤狩りの動きが広がり、全体主義の脅威はなくならなかった。

そして、東西の冷戦という事態が生まれ、自由主義陣営においては、自由を奪うソ連の共産主義への批判も高まっていった。やがてベルリンの壁の崩壊を経て、冷戦構造は崩れた。

そのなかで、中国は社会主義、共産主義の国家として生き残った。北朝鮮（朝鮮民主主義人民共和国）も同様である。中国はここまで述べてきたように、社会主義の体制を維持しつつ、市場の自由化を進めるという、それまでなかった試みを実行に移していった。それが、デジタル毛沢東主義に結びついたのである。

はたしてデジタル毛沢東主義は、他の国々にも広がりを見せていくのだろうか。中国が大国として台頭している状況のなかでは、その可能性はけっして無視できないものになっている。

第5章

「自由」からの逃走

平和を阻害した国家

第二次世界大戦は、世界が経験した、もっとも大規模な戦争である。亡くなった人間は、戦闘に直接従事した軍人と、戦闘には参加しなかった民間人を合わせて、５０００万人以上と言われる。どこまでを戦争の犠牲者としてとらえるかは難しいが、８０００万人を超えたとする推計もある。

第二次世界大戦は、ドイツ軍がポーランドに侵攻した１９３９年9月に始まり、戦線が拡大して世界全体におよんだ。戦火がおよばなかったのはアフリカ南部、南北アメリカ大陸、オーストラリア大陸などだが、アメリカ合衆国やオーストラリアをはじめ、それらの地域で参戦した国は少なくない。最後まで中立を保った国はそれほど多くはなかった。

第二次世界大戦は、日独伊三国同盟を結んだ日本、ドイツ、イタリアを中心とする枢軸国《すうじくこく》陣営と、イギリス、ソビエト連邦、アメリカ、中華民国などの連合国陣営との戦いとなり、最終的に枢軸国陣営が敗れた。それによって、枢軸国は全体主義国家として糾弾《きゅうだん》され、ドイツのナチズム、イタリアのファシズム、そして日本の軍国主義は解体されることとなった。

日本は、アメリカを中心とした連合国によって占領される。GHQ（連合国軍最高司令官総司令部）は、日本が無謀な戦争に打って出たのは軍国主義の体制が確立されていたからととらえ、軍国主義に結びつく要素の徹底的な排除を目指した。

まず、大日本帝国陸海軍が解体される。陸軍省と海軍省は、海外に残留していた軍人の復員を実現することを役割とする第一復員省と第二復員省に改組された。

そして、大日本帝国憲法を改正する形で、日本国憲法が1946年11月3日に公布され、翌年5月3日に施行された。制定当初の大日本帝国憲法は「不磨《ふま》の大典《たいてん》（磨《す》り減らず永《なが》く価値を保つ法典）」と呼ばれ、天皇による欽定《きんてい》憲法であるがゆえに、永遠に変わらないもの、変えてはならないものともされていた。

実際、大日本帝国憲法は、1889（明治22）年2月11日に公布され、翌年11月29日に施行されて以来、改正が施されることはなかったが、57年目に抜本的に改正されることとなった。日本国憲法は「新憲法」とも呼ばれ、大日本帝国憲法とはまったく異なる憲法であるというのが大方の見方だった。

日本国憲法では、まず前文において「政府の行為によつて再び戦争の惨禍が起《おこ》ることのないやうにすることを決意し、ここに主権が国民に存することを宣言し、この憲法を確定する」と述べられ、戦争を二度と起こさないことが、第一の目的であるとされた。

ここで重要なことは、平和を阻害してきたのが、ほかならぬ日本であるとされた点である。そのことは「われらは、平和を維持し、専制と隷従、圧迫と偏狭を地上から永遠に除去しようと努めてゐる国際社会において、名誉ある地位を占めたいと思ふ」という箇所に示されている。

平和を希求する国際社会と日本が区別され、日本が国際社会の仲間入りをするには、これまでの姿勢を根本から改めなければならないとされていたのである。

二つの憲法と天皇

日本国憲法では、第九条において戦争の放棄と戦力を保持しないことが謳《うた》われ、第十一条においては基本的人権が保障された。第九条と第十一条では、ともに「永久」という言葉が用いられている。基本的人権として具体的に保障されるものとしては、思想および良心の自由、信教の自由、表現の自由、学問の自由などが挙げられていた。いずれも、大日本帝国憲法下では抑圧されていた事柄である。

ただ、大日本帝国憲法と日本国憲法を比較した場合、天皇のあり方については、根本から改められたのかどうか、微妙なところがあった。

序章でも触れたが、大日本帝国憲法では第一条で「大日本帝国ハ万世一系ノ天皇之ヲ統治ス」とされ、天皇は君主に位置づけられていた。そのうえで、第三条では「天皇ハ神聖ニシテ侵スヘカラス」と、その神聖性が強調されていた。

いっぽう、日本国憲法の第一条では「天皇は、日本国の象徴であり日本国民統合の象徴であつて、この地位は、主権の存する日本国民の総意に基《もと》づく」とされた。あくまで主権は国民の側にあるとされ、天皇は君主ではなく、象徴と位置づけられた。

ただ、大日本帝国憲法における天皇が、政治的な権力を持つ支配者とされていたわけではない。それを具体的に示しているのが、第四条と第五条である。第四条では「天皇ハ国ノ元首ニシテ統治権ヲ総攬シ此ノ憲法ノ条規ニ依リ之ヲ行フ」とされ、第五条では「天皇ハ帝国議会ノ協賛ヲ以《もっ》テ立法権ヲ行フ」とされ、憲法に従い、また議会の協賛にもとづいて統治することが明記されていた。

いっぽう、日本国憲法ではこうした点について、第三条で「天皇の国事に関するすべての行為には、内閣の助言と承認を必要とし、内閣が、その責任を負ふ」と述べられている。そして、第四条一では「天皇は、この憲法の定める国事に関する行為のみを行ひ、国政に関する権能を有しない」と明記されていた。

天皇が行なう国事行為としては、内閣総理大臣や最高裁判所長官の任命などがあるが、それも、国会や内閣の指名にもとづいて行なわれると規定されていた。

大日本帝国憲法では、天皇は日本の支配者と位置づけられているようにも読める。だが、そこには制限が加えられていた。実際、具体的な政策を実施したのは内閣であり、法律を制定したのは帝国議会であった。それは、天皇を象徴と位置づける日本国憲法と、根本的に異なっていると言えるのかどうか、難しいところである。

「日本人民共和国」の可能性

戦争末期において、無条件降伏を求めるポツダム宣言を受諾するかどうかが議論になった時、問題となったのは、天皇を中心とする政治体制である「国体」が護持されるかどうかであった。

序章で述べたように、伊藤博文は大日本帝国憲法の制定にあたり、皇室を日本国家の機軸に据えた。その点が、どのように扱われるかは、きわめて重要な問題となったのである。

天皇が日本の統治者であるなら、連合国側からすれば、無謀な戦争を引き起こした責任を天皇が負わなければならないことになる。実際、そうした議論もあった。けれども、結果として天皇は明確に戦争責任を追及されたわけではなく、A級戦犯として極東国際軍事裁判（東京裁判）にかけられることもなかった。退位も囁《ささや》かれ、皇族のなかにもむしろ退位を支持するような声があったにもかかわらず、天皇は亡くなるまでその地位にあった。

もし、日本を占領したのが、ソ連や中国であったとしたら、天皇の戦争責任の扱いは根本的に異なるものとなっていただろう。

ソ連と中国は共産主義の革命を経験してきた国であり（日本が降伏した時点では国民党が率いた中華民国だが、１９４９年に共産党政権が中華人民共和国を樹立）、共産党政権の成立以前には、ともに王政（皇帝制）が敷《し》かれていた。

ソ連では、ロマノフ朝の最後の皇帝ニコライ二世は家族とともに銃殺された。中国では、第4章でも触れたように、溥儀は退位して清朝は滅亡し、満州国も消滅した。元皇帝は戦後、中国共産党による思想改造を受けた。

このような歴史を経てきたソ連や中国が日本を占領したら、天皇が戦犯として裁かれた可能性はきわめて高い。命は奪われなかったとしても、思想改造されていたことだろう。実際、ソ連はシベリアに抑留された日本軍の捕虜に対して、思想改造を施している。

憲法もまた、大きく異なるものになっていたはずだ。天皇の条項が外され、日本は共産主義国家になっていたかもしれない。「日本人民共和国」の誕生である。そこまで行かなくても、天皇制が廃止され、大統領を戴く共和制が実現されていたことは十分考えられる。そうなれば、戦後の日本社会はまったく異なる道を歩んでいたはずである。

これは実際には起こらなかったし、想像にすぎないが、朝鮮半島で北緯38度の軍事境界線で南北に分断され、北には共産主義の政権が樹立されたように、日本も南北に分断されていたかもしれない。戦争末期にソ連が参戦してきたことを考えれば、その可能性はゼロではなかった。

日本にはいないゲーリング型人間

ＧＨＱの方針により戦争責任の追及を免《まぬか》れた天皇は、全国各地を行幸《ぎょうこう》し、国民と直接接触することによって、戦前のあり方、イメージを大きく変えていくことになる。国民はそうした天皇を歓迎し、「天皇陛下万歳」を叫んだ。

いっぽうで、天皇の戦争責任を問う声や退位を求める声も繰り返し湧き上がり、軍国主義の体制がいかに生み出されていったかを分析する論考も現われるようになる。

その嚆矢《こうし》となり、発表当時から注目された論文が、政治学者の丸山眞男《まるやままさお》による「超国家主義の論理と心理」である。

この論文は、雑誌「世界」１９４６年5月号の巻頭に掲載されたものであり、「戦後論壇における丸山の文名を一挙に高める最初の契機となった」とされる（丸山眞男著、古矢旬編『超国家主義の論理と心理　他八篇』岩波文庫。以下、丸山の論文はすべて同書より）。丸山自身、「呆《あき》れるほど広い反響を呼んだ」と記している。当時の丸山は、東京帝国大学法学部助教授だった。

論文の冒頭で、丸山は「日本国民を永きにわたって隷従的境涯に押しつけ、また世界に対して今次の戦争に駆りたてたところのイデオロギー的要因は連合国によって超国家主義《ウルトラ・ナシヨナリズム》とか極端国家主義《エクストリーム・ナシヨナリズム》とかいう名で漠然と呼ばれているが、その実体はどのようなものであるかという事についてはまだ十分に究明されていない」と述べている。

それを究明するのが、けっして長くはないこの論文の目的というわけだが、丸山は興味深い指摘を行なっている。

たとえば、日本においては「私的なものが端的に私的なものとして承認されたことが未《いま》だ嘗《かつ》てない」とし、文部省教学局が編纂し、戦争中の1943年に刊行した『臣民の道』に触れている。『臣民の道』では、私生活は臣民の道の実践により、公《おおやけ》の意義を有するとされていた。丸山は、そうしたことは全体主義（軍国主義）の流行とともに現われたものではなく、日本の国家構造に内在し、私的なものは悪、あるいは悪に近いものとなり、そこには「何程かのうしろめたさを絶えず伴っていた」ことを指摘している。

逆に、国家権力は無条件に正しく、大義を体現しているとされる。そのために、「それ自体『真善美《しんぜんび》の極致《きょくち》』たる日本帝国は、本質的に悪を為《な》し能《あた》わざるが故に、いかなる暴《ぼう》虐《ぎゃく》なる振舞《ふるまい》も、いかなる背信的行動も許容されるのである！」という。思い切った指摘である。

そのうえで、丸山が注目するのが、収容所における俘虜《ふりょ》虐待問題である。丸山は、俘虜の殴打《おうだ》などについての裁判報告を読んで奇妙に思うこととして、被告が異口同音《いくどうおん》に収容所の施設改善に努めたことを力説していることを挙げている。彼らは、待遇を改善すると同時に、殴《なぐ》ったり蹴《け》ったりしていた。なぜそのような事態が起こるのか。

丸山は、そこに日本人の権力的支配の特徴を見出し、それが強い自我意識にもとづくものではなく、国家権力との合一化にもとづくものと分析していく。

その際に丸山は、現実に戦犯として裁判にかけられた日本人の軍人についての報道を元に「土屋《つちや》は青ざめ、古島《ふるしま》は泣き、そしてゲーリングは哄笑《こうしょう》する」と、ナチス・ドイツの戦争犯罪を追及したニュルンベルグ裁判において、ヒトラーとナチスを正当化する議論を展開した、ナチス・ドイツのナンバー2であるヘルマン・ゲーリングを対比させ、日本の戦犯にはゲーリングのような「傲然《ごうぜん》たるふてぶてしさ」を示す人間はいないだろうと予測し、次のように述べている。

同じ虐待でもドイツの場合のように俘虜《ふりょ》の生命を大規模にあらゆる種類の医学的実験の材料に供《きょう》するというような冷徹な「客観的」虐待は少《すくな》くも我が国の虐待の「範《はん》型《けい》」ではない。彼の場合にはむろん国家を背景とした行為ではあるが、そこでの虐待者との関係はむしろ、「自由なる」主体ともの(Sache)とのそれに近い。これに反して日本の場合はどこまでも優越的地位の問題、つまり究極的価値たる天皇への相対的な近接の意識なのである。

丸山が、日本の全体主義の特徴として強調しているのが、最後に出てくる天皇への近接、親近感である。軍人のプライドも、「皇軍」すなわち天皇の軍隊であることに求められ、天皇への直属性が権威の、さらには独善意識の源泉になっているというのである。

戦時下の帝国議会の委員会において、東条英機《とうじょうひでき》首相は、自分は一人の草莽《そうもう》の臣《しん》であり、ほかの人間とすこしも変わらない。ただ、天皇から首相という職責を与えられている点だけが違うのであり、自分は「陛下の御光を受けてはじめて光る。陛下の御光がなかったら石ころにも等しいものだ」と述べていた。

戦後も変わらなかった縦型社会

では、権威の源泉である天皇自身の場合にはどうなるのか。

丸山はまず、天皇が「上級価値への順次的依存の体系に於《お》て唯一の主体的自由の所有者なのであろうか」と問いかける。そして、天皇はそうした存在ではなく「無限の古《いにしえ》にさかのぼる伝統の権威を背後に負っている」ことを指摘し、けっして主体的自由の所有者ではないととらえている。

そのうえで丸山は、日本社会全体の構造について「天皇を中心とし、それからのさまざまの距離に於て万民が翼賛《よくさん》するという事態を一つの同心円で表現するならば、その中心は点ではなくして実はこれを垂直に貫く一つの縦軸にほかならぬ」と述べている。戦争中は、この世界観が世界に向かって拡大され、日本を「万国の宗国《そうこく》」とし、「万邦《ばんぽう》各々其《そ》の所《ところ》をえしめる」という、縦軸の構造を持つ世界のあり方を強調するスローガンが成立したとするのである。

では、こうした日本のあり方は、戦争に敗れたことによってどう変化したのか。

丸山は、論文の最後で「日本軍国主義に終止符が打たれた八・一五の日はまた同時に、超国家主義の全体系の基盤たる国体がその絶対性を喪失し今や始め《ママ》て自由なる主体となった日本国民にその運命を委《ゆだ》ねた日でもあったのである」と述べていた。

こうした丸山の考え方を元に、憲法学者の宮沢俊義《みやざわとしよし》は、ポツダム宣言の受諾によって主権が天皇から国民へ移行したとする「八月革命説」を唱えるに至った。

革命であれば、それを引き起こす主体の存在が不可欠である。だが、ここで言われる八月革命の場合、日本の敗戦という事態が生み出したものであり、憲法についても、国民の意志がどれだけ反映されているかと言えば、かなり疑問である。

だからこそ、アメリカによる「押し付け憲法論」が唱えられるようになるわけだが、革命と言うには、天皇の地位が根本的に改められなかったことは、その不十分さを示している。

天皇が存在していれば、天皇は権威の源泉であり続ける。もちろん、皇軍は解体され消滅したわけだが、縦型の社会構造は戦後にも受け継がれ、その頂点に天皇を位置づけようとする試みもあとを絶たなかった。

また、深沢七郎《ふかざわしちろう》の小説『風流夢譚《ふうりゅうむたん》』に端《たん》を発した嶋中《しまなか》事件（同書が皇室を冒瀆《ぼうとく》したとして、少年が版元《はんもと》・中央公論社の嶋中鵬二《ほうじ》社長宅に侵入し、家政婦を刺殺、社長夫人に重傷を負わせた）や、三島《みしま》事件（作家の三島由紀夫《ゆきお》が、主宰する「楯《たて》の会」会員とともに自衛隊市《いち》ヶ谷《や》駐屯地に乗り込み、憲法改正のための決起を呼びかけたあと、割腹自決した）も起こった。この二つの事件は、天皇制が温存されなければ起こり得なかったものである。

丸山眞男《まるやままさお》の限界

一躍、論壇の寵児《ちょうじ》に躍り出た丸山は「超国家主義の論理と心理」の発表後、日本以外の全体主義についても論考を発表する。

それが、アメリカにおける戦後の赤狩りについて分析した「ファシズムの現代的状況」（「福音と世界」1953年4月号）であり、フルシチョフによるスターリニズム批判について分析した「『スターリン批判』の批判――政治の認識論をめぐる若干の問題」（「世界」

1956年11月号）である。

また、「日本ファシズムの思想と運動」（東京大学東洋文化研究所編『東洋文化講座第二巻尊攘思想と絶対主義』白日書院）や「軍国支配者の精神形態」（「潮流」1949年5月号）においては、日本において軍国主義が生み出されていく過程について改めて扱っている。

そうした試みによって、20世紀を「戦争の世紀」とすることにも結びついた全体主義のあり方を政治学的に分析しようとしたわけだが、ドイツのナチズムやイタリアのファシズムを日本の軍国主義と比較しつつ、なぜ近代の社会において国民を抑圧する政治体制が生み出されていくのか、深い洞察を行なったわけではなかった。

「超国家主義の論理と心理」にしても、戦前の日本において、軍部がいかに強権的にふるまったのか、そのメカニズムを明らかにし、天皇制の本質がどこにあるのかを究明する手がかりをあたえてくれる論考ではあっても、ゲーリングについて触れた箇所から明らかなように、最初から、日本の軍国主義とドイツのナチズムとを異質なものとしてとらえており、なぜ20世紀において全体主義がさまざまな国で台頭したのか、その全体像を明らかにするような試みにはなりようがなかった。

フロムの慧眼《けいがん》

これに対して、近代のドイツがなぜナチズムに傾斜していったかを分析することで、世界的に注目された論考が、エーリッヒ・フロムの『自由からの逃走』（日高六郎訳、東京創元社）である。

フロムはドイツ生まれの精神分析家だが、ユダヤ人であったためにナチスに追われ、1934年にはアメリカのコロンビア大学に移っている。『自由からの逃走』が刊行されたのは、第二次世界大戦中の1941年のことだった。原題は“Escape from Freedom”で、“The Fear of Freedom”として刊行されることもある。

ドイツにおいて、ユダヤ人を集団虐殺《ぎゃくさつ》する強制収容所が稼動するのは、1942年からで、以降、アメリカでもその事実が報道されるようになるが、『自由からの逃走』は、それよりも前に執筆、刊行されている。

そのタイトルからして意表を突くものである。人間はさまざまな拘束を嫌い、自由を求めているはずである。ところが、理想的な状況を与えてくれる自由から、人間は逃げようとしているというのだ。

なぜ、そうした逆説的なことが起こるのか。

その点について、フロムは『自由からの逃走』の冒頭で、次のように述べている。

近代のヨーロッパおよびアメリカの歴史は、ひとびとをしばりつけていた政治的・経済的・精神的な枷《かせ》から、自由を獲得しようとする努力に集中されている。自由を求める戦いは、抑圧されたひとびとによって戦われた。

これは、フロムが強調するまでもなく、近代についての一般的なとらえ方である。この自由への戦いを大きく前進させたとされるものが、第3章で取り上げたフランス革命である。ところが、皮肉な現象が起こる。フロムは「しかし長いあいだ現実につづいた自由を求める戦いのなかで、ある段階では抑圧に抗して戦った階級も、勝利を獲得し新しい特権を守らなければならないときがくると、自由の敵に味方した」と指摘する。

これは、具体的にどういうことを意味しているのだろうか。フロムは、自分をドイツから追いやったナチズムに触れ、次のように述べている。

われわれはドイツにおける数百万のひとびとが、かれらの父祖たちが自由のために戦ったと同じような熱心さで、自由をすててしまったこと、自由を求めるかわりに、自由からのがれる道をさがしたこと、他の数百万は無関心なひとびとであり、自由を、そのために戦い、そのために死ぬほどの価値のあるものとは信じていなかったこと、などを認めざるをえないようになった。

ここで、自由からの逃走（「自由からのがれる道」）という概念が登場するのである。

自由の国・アメリカで感じた不自由

フロムは精神分析家として、心理的要素を問題にする。その際に、フロイトの精神分析学の方法を持ち出してくるが、それをそのまま分析に活用するのではなく、フロイトとは異なるアプローチを取っている。

フロムが注目するのが「孤独」である。人間には外界と関係を結ぼうとする欲求、つまりは孤独を避けようとする欲求があるという。それは「まったくの孤独で、他からひき離されていると感ずることは、ちょうど肉体的な飢《う》えが死をもたらすとおなじように、精神的な破滅をもたらす」からである。

人間は孤独を避けるために、「帰属」を求める。「どこかに帰属しないかぎり、また生活になんらかの意味と方向とがないかぎり、人間はみずからを一片の塵《ちり》のように感じ、かれの個人的な無意味さにおしつぶされてしまう」からである。

フロムは、そうした問題意識を元にヨーロッパの歴史を振り返る。

まず、中世については、自由はなかったものの、そこに生きる人々は孤独ではなかったとする。「人間は全体の構造のなかに根をおろして」おり、人生の意味については疑う余地もなければ、その必要もなかった。人間は社会的な役割と合致し、社会秩序は自然秩序と考えられていた。

これが中世末期になると変化していく。ルネサンスから資本主義の誕生、そして宗教改革へと時代が進むと、中世的な社会組織は崩れ、それにともない人々は自由を得ることができるようになるが、「個人は独りぼっちにされ」てしまった。

そのなかで、新しい宗教原理となったプロテスタンティズムは、孤独に陥ることによって不安になった個人に対して「自己の無力さと人間性の罪悪性を徹底的に承認し、かれの全生涯をその罪業《ざいごう》の償《つぐな》いと考え、極度の自己卑下《ひげ》とたえまない努力によって、その疑いと不安とを克服することができると教えた」。

プロテスタンティズムの確立と並行して、資本主義が勃興したが、フロムは、前者が人間の魂《たましい》を解放したのに対して、後者は経済的な自由を与え、精神的、社会的、政治的な解放を遂行していったととらえる。

だが、近代社会に生きる人間を待ち受けていたのは、さらなる孤独である。フロムは、資本主義が「人間を伝統的な束縛から解放し」、「積極的な自由を大いに増加させ、能動的批判的な、責任をもった自我を成長させる」ことに貢献するいっぽう、「個人をますます孤独な孤立したものにし、かれに無意味と無力の感情をあたえた」とする。

フロムは、そうした近代社会に生きる人間の精神のあり方を体現しているものとして、ミッキーマウスの映画を挙げている。

この映画のテーマは「小さなものが圧倒的に強力なものに迫害され危険にさらされる」

なかで、最終的には逃亡に成功し、時には強力なものに対して害を与えることに成功するというもので、そこが同じような境遇に置かれた一般のアメリカ人の共感を呼んでいるというのである。

故国から亡命せざるを得なかった異邦人が、自由の国であるはずのアメリカで見聞した体験を、外側の視点から分析しているわけだが、自由からの逃走というテーマが、ドイツだけではなく、アメリカにもあてはまることを示している点で注目される。

自由よりも服従を求めた近代人

フロムは、自由からの逃走のメカニズムとして「権威主義」「破壊性」「機械的画一性」の3要素を挙げる。

権威主義とは、個人が自らに欠けている力を獲得するために、自我の独立を捨て、自己の外側にあるものと自己を融合させようとする傾向のことであり、そのメカニズムは服従と支配の努力という形で表われる。フロムは、それをマゾヒズム的、およびサディズム的努力であるとしている。

これは、第3章で触れた『O嬢の物語』の世界に通じる。服従と支配、マゾヒズムとサディズムは、『O嬢の物語』の主題であった。第3章ではフランス固有の問題として論じたが、それは近代のヨーロッパ全体に広がるものである。逆に言えば、戦後すぐに登場した『O嬢の物語』は、はからずもナチズムのような全体主義に対する批判的作品となっていたのかもしれない。しかも、この小説は、全体主義に抗しがたい魅力があることをも示唆している。

破壊性も、また『O嬢の物語』に通じるが、それは「ひとが自分と比較しなければならないすべての対象を、除去しようとする」ものである。それによって、孤独と無力が生む不安から逃れようとするというのだ。『自由からの逃走』は、ホロコースト以前に書かれたものだが、それを予言しているかのように読めてしまう。

機械的画一性とは、「個人が自分自身であることをやめ」、「文化的な鋳型によってあたえられるパーソナリティを、完全に受け入れる」ことによって、他の人間たちが期待する状態になりきり、それによって孤独や無力を恐れる意識を持たない「自動人形」、あるいは「自動機械」になることである。この指摘も『O嬢の物語』を連想させる。

フロムは、『自由からの逃走』後半部分で、こうした自由からの逃走のメカニズムが、いかにしてナチズムを生んだのかを分析し、さらには、そうした傾向がドイツのみならず、近代化を遂げた国々全体にあてはまることを論証していく。

そうした社会が直面しているものは、「興奮を約束し、個人の生活に意味と秩序とを確実にあたえると思われる政治的機構やシンボルが提供されるならば、どんなイデオロギーや指導者でも喜んで受けいれようとする危険」であるという。

フロムは、『自由からの逃走』の最後の部分を、「デモクラシーは、人間精神のなしうる、一つの最強の信念、生命と真理とまた個人的自我の積極的な自発的な実現としての自由にたいする信念を、ひとびとにしみこませることができるときにのみ、ニヒリズムの力に打ち勝つことができるであろう」という言葉で締めくくっている。

その後のナチス・ドイツの歩んだ道を考えると、フロムがここで示した希望はまったく満たされなかったという印象を受ける。フロムは、ナチスの安定性についても言及しているが、ドイツ国民の支持がナチスに独裁的な権力を与え、ホロコーストという惨劇を生んだのである。

なぜ、戦後の日本で新宗教が拡大したのか

なぜ近代の人間が自由からの逃走をはかり、全体主義を求める傾向を示すのか。フロムは、その原因を明らかにし、逃走のメカニズムを示した。では、自由を確保する道をどのようにして見出せばいいのか。

その解決策を示すことは難しい。少なくとも、フロムの分析からそれを導き出すことはできない。

近代の人間は中世とは異なり、安定した基盤を持たなくなったのと引き換えに、自由を得た。しかし、その自由が孤立や無力に結びつくことによって、強大な権力に服従し、支配される方向に向かってしまった。それは、丸山の分析にもあったように、究極の権力への近さが、その人間の社会的な価値を定め、安定した地位を与えてくれるからである。

こうした理解は、近代の人間が、いったん解放されたはずの宗教の世界に再び救いを見出すメカニズムの分析にも応用できる。

戦後の日本社会においては、新宗教の拡大という現象が見られた。その代表となるのが、霊友会《れいゆうかい》、立正佼成会《りっしょうこうせいかい》、創価学会《そうかがっかい》といった日蓮《にちれん》系の教団であり、神道系のＰＬ教団な

どである。なぜ戦後に新宗教の巨大教団が誕生したかは、簡単に説明できる。そこには、高度経済成長が関係している。

産業構造の転換とともに、大都市部で新しい産業が勃興し、その労働力が農村に求められた。特に、農家の次男や三男、あるいは女性といった、家を継ぐことができない人間たちが、労働力の供給源となった。

その典型が集団就職だが、彼らは中学卒や高校卒で都会に出てきた。そうした学歴から、就職先は中小企業や零細企業に限られ、その地位は安定せず、収入も限られていた。

彼らは、慣れない都会において、孤独と無力を感じざるを得ない。そこに救いの手を差し伸べたのが、新宗教の教団である。新宗教の信者となれば、一挙に多くの仲間ができ、孤独から解放される。しかも、新宗教は新しい信者に対して信仰という強固な基盤を与えることによって、無力感から解放される道も示したのである。

信仰に誇りを持つことができたからこそ、彼らは、同じような境遇にある人間たちに教えを広めていく活動に邁進《まいしん》した。特に創価学会では、時に強引な手段を取ってでも入信させる「折伏《しゃくぶく》」の手法により、仲間を増やしていった。

こうした社会的な条件があったからこそ、新宗教は拡大したのであり、その信仰が定着していく原因もそこにあった。彼らが入信したのは、その教えが魅力的だったからというよりは、彼らの置かれた境遇——所属すべき組織を求めた——からなのである。

自由よりも宗教を求める現代人

実は、このメカニズムは、戦後の日本社会にあてはまるだけではなく、経済発展を続けている国には今でもあてはまる。たとえば、韓国の例を見てみよう。

韓国は日本に後れて経済発展を遂げていくが、その際に首都ソウルへの一極集中が起こり、多くの人間が故郷を去った。当然、彼らはソウルにおいて孤独で無力な状態に置かれた。そこを救ったのが、キリスト教である。

大衆に広がった韓国のキリスト教は、土着のシャーマニズムと習合したハイブリッドであり、日本人がイメージするような真摯《しんし》に信仰を追求する知的なキリスト教ではない。その点では、日本の新宗教に近い。

中国でも、近年ではキリスト教の信者が増え、韓国と似たような状況を呈している。共産党は宗教を管理し、ひとつの宗教が勢力を拡大することを望んでいないが、弾圧して消滅させることができないほど、現在、キリスト教の信仰は中国社会に広まっている。

韓国や中国で広まったキリスト教は、プロテスタントの福音派と呼ばれる新宗教的なものが多いが、もともとカトリックの国であったブラジルをはじめとする中南米諸国でも、経済発展にともない、福音派が拡大する現象が起きている。

地方ではカトリックの信者だった人間が労働力として都会に来ると、福音派に改宗してしまうのである。今や、その数は膨大なものとなり、それはカトリックの総本山であるバチカンに強い危機意識を持たせるまでになっている（前掲『宗教消滅——資本主義は宗教と心中する』）。

都市へ出ていくことは、自由を得ることである。地方では、どの国においても地域共同体が発達し、安定している代わりに自由はない。そこで自由に憧れ、都会へ出ていくのだが、多くの人間はその自由を孤独や無力としてとらえ、むしろ、巨大な組織に所属することで、その状態から脱出しようとする。

新しい宗教の勃興は、自由からの逃走としてとらえることができるのである。

第6章

新たなる帝国の時代

近代社会の確立と社会主義

私たちが今生きているのは近代社会である。時代をどう区分するかは、国や地域、あるいは個人によって異なり、ひとつには決めがたい。したがって、近代という時代がいつから始まるかについてはさまざまな議論があるが、重要なことはそれがいかなる特徴を持っているかである。近代社会の特徴について、辞書では次のようにまとめられている。

市民革命および産業革命による封建的・共同体的社会の崩壊に伴って現れてきた社会。経済的には資本主義、政治的には民主主義、思想的には個人主義を基調にした、自由な諸個人が形成する開放的社会とされる。資本主義社会。市民社会。

（松村明編『大辞林 第三版』三省堂）

近代社会の特徴は、資本主義、民主主義、そして個人主義にあるというのである。こうした理念を核心に持つ近代社会がどのように確立されてきたか、その歴史は複雑で多様である。

日本の場合、ここで言われる「封建的・共同体的社会」は、時代区分では近世に分類される江戸時代まで続いた。それが、明治に時代が変わる時点で、一挙に崩壊したわけではない。国民の多くが住む農村地帯はその後もかなり長い間、封建的とまでは言えないかもしれないが、共同体社会のままであった。小作《こさく》制度を封建的ととらえるならば、その崩壊はようやく戦後になって起こった。

日本の明治維新の性格についても、それを市民革命としてとらえていいのかどうか、議論が続けられ、現在も決着がついてはいない。ただ、産業革命以降に生み出された欧米の近代技術や社会制度を取り入れることによって、日本は急速な近代化をはたした。それにともない、近代社会の核心的な理念となる資本主義、民主主義、個人主義が次第に確立されていった。

昭和に入ると、軍国主義の台頭によって、こうした理念は一時後退を余儀なくされる。そして戦争に敗れたことで、軍国主義は崩壊した。戦後の新生日本は、この三つの理念に支えられた近代国家であることを明確な形で示すようになっていく。成熟しているか、未成熟かの議論はあろうが、現在の日本が近代社会であることはまちがいない。

日本以外の諸国においても、紆余曲折《うよきょくせつ》を経ながら、一様に近代化への道筋を歩んできた。それでも、第二次世界大戦後には、欧米や日本を中心とした自由主義陣営とは別に、ソ連を中心とした社会主義陣営が存在する形となり、両者は厳しく対立する。それは、「冷戦」と呼ばれた。

社会主義国家の場合、経済体制としての資本主義を否定したうえに、党の独裁によって民主主義は抑圧され、個人主義も評価されない。その点では、社会主義の社会は、近代社会としてとらえられないことになる。

けれども、社会主義国家が革命を経て成立したことは明らかで、国家を発展させるうえで産業革命の恩恵に与《あずか》っていることも否定できない。はたして、社会主義革命を市民革命としてとらえてよいかについても議論があるが、明治維新に比べるならば、はるかに市民革命に近い。その点では、社会主義国家に適用することができない、前掲の近代社会の定義のほうに問題があるとも言える。

自由主義陣営の価値観からすれば、社会主義陣営に属している国家や地域は近代社会ではないということになる。

1989年、ベルリンの壁の崩壊によって、東西の冷戦に終止符が打たれる。ソ連は解体され、社会主義陣営に属していた各国は脱社会主義、脱共産主義の方向に踏み出し、市場経済を導入した。そして、ロシアをはじめ、社会主義陣営に属していた東ヨーロッパ各国は共和制を敷くこととなった。

その波は中国や北朝鮮、ベトナムなど東アジアの社会主義国家にはおよばなかった。それでも、中国やベトナムは、途中から、市場経済を積極的に取り入れる方向に転じていく。

民主主義の不確かな勝利

「グローバル化」という言葉も、「近代社会」という言葉と同様に定義することが難しい。大枠では、社会的・経済的な結びつきが、国家や地域の枠を超えて世界全体に広がる現象を指している。

グローバル化がいつから始まったかについては、近代の始まり以上にその時期を定めることが難しい。15世紀半ばから始まる大航海時代に、その起源が求められることが多いが、世界史という概念が成立したのは13世紀から14世紀にかけてのモンゴル帝国の拡大によるものという見方も成り立つ。確かに、モンゴル帝国がもっとも領域を広げた時点では、東アジアから東ヨーロッパまでの広大な地域がそこに含まれていた。

しかし、今日《こんにち》一般的に使われるグローバル化は、東西の冷戦構造が終焉を迎えて以降の現象を指している。

冷戦の続く間、西ベルリンと東ベルリンは壁によって実際に隔《へだ》てられていたわけだが、自由主義陣営と社会主義陣営の間には目に見えない壁があるとされ、全面的な交流は妨《さまた》げられていた。ベルリンの壁が物理的に破壊されると、それは崩れ去り、世界的な規模での情報や物資、人材、そして資本の交流が可能になり、グローバル化は一気に加速した。

ソ連が解体された翌年の1992年に刊行された、アメリカの政治学者フランシス・フクヤマの『歴史の終わり』（渡辺昇一訳、知的生き方文庫。原題は『歴史の終わりと最後の人間』）においては、ソ連の解体によって、民主主義と社会主義の間のイデオロギー的な対立は意味をなさなくなり、民主主義に対抗できるイデオロギーはもはや消滅したと主張された。

これは、民主主義の最終的な勝利宣言として受け取られたものの、それ以降の世界の動きは、必ずしもフクヤマの主張する方向には向かっていかなかった。

フクヤマは、『歴史の終わり』のなかで、イスラム諸国もやがては民主主義の方向に向かうとの見解を述べていた。そして、エジプトでホスニー・ムバーラクの独裁政権が2011年に打倒された際、フクヤマは自説の正しさが立証されたと述べた（「読売新聞」2011年2月19日）。しかし、その後のエジプトが民主主義への道を歩んでいるかは、かなり疑問である。

冷戦構造の崩壊から30年近くが経とうとしている現在、民主主義が最終的に勝利を収めたのかは疑わしい。民主主義の価値がもっとも称揚されたのは、冷戦構造の崩壊直後に限定されるのではないだろうか。それ以降の世界はむしろ民主主義から遠ざかっているようにさえ見えるのである。

グローバル化に歯止めをかけられるか

グローバル化のなかでの民主主義の問題について、興味深い指摘をして話題になったのが、ダニ・ロドリックの著書『グローバリゼーション・パラドクス――世界経済の未来を決める三つの道』（柴山桂太・大川良文訳、白水社）である。

著者のダニ・ロドリックは、トルコのイスタンブールに生まれた経済学者で、現在はアメリカのプリンストン高等研究所教授を務めている。

同書が注目されたのは、グローバル化、国家主権、民主主義の三つは同時に達成することができず、ひとつを諦《あきら》めなければならないという主張が展開されたからである。その点について著者は、次のように述べている。

> 国民民主主義とグローバル市場の間の緊張に、どう折り合いをつけるのか。われわれは三つの選択肢を持っている。国際的な取引費用を最小化する代わりに民主主義を制限して、グローバル経済が時々生み出す経済的・社会的な損害には無視を決め込むことができる。あるいはグローバリゼーションを制限して、民主主義的な正統性の確立を願ってもいい。あるいは、国家主権を犠牲にしてグローバル民主主義に向かうこともできる。これらが、世界経済を再構築するための選択肢だ。

最後の選択肢である、国家主権を犠牲にしてグローバル民主主義を確立するということから、すぐに思いつくのはEUのことである。その試みを、著者は「グローバル・ガバナンス」と呼び、言葉の響《ひび》きはいいが、「当分の間は期待できない」とする。それは、「複雑で多様な世界では、グローバル・ガバナンスはごく薄いベニア板のようにしか実現できない」からである。

第二次世界大戦の惨禍の記憶も生々《なまなま》しい1940年代後半には、世界政府の樹立が提唱されたこともあったが、現在では、そのような主張がなされることはほとんどない。この点は、近年のイギリスなどのEU離脱の動きによって証明されていると見ることができる。

著者が推奨するのは、グローバル化を制限する方向性である。「個別の国々には、国内で選択された制度を保護する権利がある」とし、「人々の幅広い支持を受けた国内の慣行が貿易によって脅かされる場合には、必要に応じて国境の壁を厚くすることも、認められるべき」と述べている。

著者によれば、不可欠なのは国家主権と民主主義であり、グローバル化には制限を加える必要があるという。そのうえで、貿易、金融、労働力のグローバル化に対して、それを無制限に実現するのではなく、妥当な範囲に収めるための政策について論じている。そのケーススタディとして中国を取り上げ、いかにして中国を世界経済のなかに適合させるかの具体策を講じている。

だが、はたしてその方向でうまくいくのだろうか。

グローバル化を一定の枠のなかに収めることは相当難しいだろう。それは保護主義につながり、時代の流れに逆行するからである。むしろ現実の世界は、民主主義を制限する方向に向かっているのではないだろうか。

共和制vs.君主制

国民の自由と民主主義を徹底させるならば、その時に選択される政治体制は「共和制」ということになる。共和制とは、「主権が国民にあり、国民の選んだ代表者たちが合議で政治を行う体制。国民が直接・間接の選挙で国の元首を選ぶことを原則とする」（新村出編『広辞苑 第七版』岩波書店）政治制度である。

重要なのは、元首を国民が選ぶことであり、共和制と対立するのが「君主制」である。君主制の国家では、元首の地位にある国王を、国民が選ぶようにはなっていない。

現在の世界では共和制の国家が多くなり、君主制の国家は少なくなっている。とはいえ、君主制を取る有力な国は依然として多い。

君主制を取る国は、一般的に「王国」を名乗る。それに該当するのは、オランダ王国、カンボジア王国、サウジアラビア王国、スウェーデン王国、スペイン王国、スワジランド王国、タイ王国、デンマーク王国、トンガ王国、ノルウェー王国、バーレーン王国、ブータン王国、ベルギー王国、モロッコ王国、ヨルダン・ハシミテ王国、レソト王国などである（50音順）。

ほかに、王の下位の称号である大公《たいこう》が統治するリヒテンシュタイン、ルクセンブルク、アンドラ、モナコといった「公国」がある。もうひとつ、かなり特殊なものとしてバチカン市国がある。同国の統治者は、カトリック教会の頂点に立つローマ教皇である。

イギリスの正式名称は「グレート・ブリテンおよび北部アイルランド連合王国」であ

り、現在の君主はエリザベス二世である。かつての大英帝国を元にしたイギリス連邦に属している国々も、エリザベス二世を君主としている。

イギリス連邦に属しているのは、アンティグア・バーブーダ、オーストラリア連邦、カナダ、グレナダ、ジャマイカ、セントクリストファー・ネーヴィス、セントビンセントおよびグレナディーン諸島、セントルシア、ソロモン諸島、ツバル、ニュージーランド、バハマ国、パプアニューギニア独立国、バルバドス、ベリーズなど53カ国である（2018年5月時点）。

たとえば、オーストラリア連邦の場合、イギリス女王がそのままオーストラリアの元首であるオーストラリア女王と見做《みな》されているものの、現実の統治者はオーストラリア総督で、この総督は政府によって選ばれる。

日本も、君主制に分類される。日本は日本国と称し、日本王国とは名乗っていないが、天皇が国の象徴と位置づけられ、王国一般と同じ形態を取っている。

君主制国家の元首は、一般的には国王ということになるが、共和制の場合には大統領が元首となり、大統領は国民の選挙によって選ばれる。

ほかに社会主義の国がある。ソ連が存在した時代、かなりの数の国がそこに含まれたが、現在では、中国、北朝鮮、ベトナム、ラオス、キューバの5カ国に限られる。中国、ラオス、ベトナムでは国家主席、北朝鮮では朝鮮労働党委員長、キューバでは国家評議会議長が元首と定められている。

共和制の歴史は、古代のギリシアやローマに始まるが、その後、こうした国家はローマ帝国の支配下に置かれ、共和制の伝統は受け継がれなかった。近代的な意味での本格的な共和制は、フランス革命以降と考えていいだろう。

元首の世襲は合理的⁉

君主制の場合、王は世襲され、一定の家の人間しかその地位に就《つ》くことができない。それに対して、共和制では、元首としての大統領は国民の投票によって選ばれ、国民誰もがその地位に就く可能性を有している。その点で、共和制の方が君主制より民主的であり、共和制下の国民は自由を享受することができる。

にもかかわらず、現在でも君主制の国家が消滅しないのは、そこに共和制にはない利点があるからである。

共和制下で大統領を選出する時、一般には国民全体の選挙によることになる。そうなると、誰を大統領にするかで国内に対立が生まれ、それが国家の運営に支障を来《きた》す原因になる危険性が存在している。

アメリカでは1776年の建国以来、大統領制が採用され、直接選挙ではないものの、国民の投票によって選ばれる。アメリカでは首相は存在せず、大統領の権限は強い。もちろん、三権分立に従って裁判所や議会の制約を受けるが、大統領令によって、政府や軍に直接命令を下すことができる。

大統領が議会の承認を得ないまま、言うならば勝手にさまざまな決定を下すことができるわけで、大統領令をめぐって国民の間で賛否が分かれ、それが社会に混乱をもたらすこともあり得る。

実際、トランプ大統領は、アメリカ国民全体の支持を得ているとは言えない（2018年5月時点）。特定の勢力にしか支持されない大統領令を発することで、トランプ大統領は強い批判を受けるとともに、重要なスタッフを次々と解任し、イエスマンしか周囲にいない「裸の王様」と化しつつある。

お隣の韓国（大韓民国）では、歴代の大統領の多くが、大統領を退《しりぞ》いたあとに逮捕され、有罪判決を受けるということが繰り返されている。韓国の大統領には、特赦《とくしゃ》（恩赦の一種で有罪の言い渡しを受けた特定の者に対して、その効力を失わせる）を実施する強い権限が与えられており、それが法治国家の根幹を揺るがす事態を生んでいる。

同じ大統領制でも、ドイツの場合には、間接選挙で選ばれる大統領の権限は相当に限定されており、政治的にも中立な立場を取ることが求められる。韓国とは異なり、大統領独自に恩赦をする権限も与えられていない。象徴的な存在に近いと言える。

元首が固定化する社会主義国

このように、大統領のなかには、権限が強い大統領と弱い大統領とがいるわけだが、最近では、政治的な混乱よりも安定を志向し、ひとりの大統領が権力を長期間にわたって独占するような傾向も生まれている。

その典型がロシアのプーチン政権である。プーチンは2000年から2008年まで2

期にわたって大統領を務めた。その後、大統領職は退いたものの、首相に指名され、実質的に最高権力者の地位にとどまり続けた。2012年にはふたたび大統領となり、2018年には再選され、その任期は2024年まで続く。

ロシアにおける選挙については、数々の不正が発覚しているものの、プーチンは2018年3月の大統領選挙では76・69パーセントの得票率で圧勝した。ロシア国民が実際にプーチンをどれだけ支持しているかについては議論の余地はあるかもしれないが、大統領の地位が固定化されてしまっていることは事実で、プーチン大統領には独裁者のイメージがつきまとっている。

ロシアは、かつては社会主義の国家であったわけだが、現在でも社会主義の体制を取っている中国でも、2018年には、国家主席の任期を2期10年までとする制限が撤廃された。これは、2018年3月に再任された習近平《しゅうきんぺい》国家主席による長期政権を容認するためのものとされており、ロシアと同じような状況が生まれている。

より顕著なのが、北朝鮮である。朝鮮民主主義人民共和国という正式な国名において、民主主義が謳われているものの、最高指導者の地位は、金日成《キムイルソン》から金正日《ジョンイル》、そして金正《ジョン》恩《ウン》と世襲によって受け継がれている。こうした体制は、「金《キム》王朝」とも呼ばれ、君主制にきわめて近い。

マルクスやエンゲルスが社会主義革命を予見した時、それは、資本主義が進んだ国で起こるものと想定されていた。

ところが、現実に革命が起こったのは、資本主義の後進国・ロシアだった。その後も、近代化が後れている国々で社会主義革命が勃発した。資本の蓄積が後れている国においては、資本を共有化し、計画経済で臨《のぞ》むしか後れを取り戻す手立てがないと判断されたからである。

今日においては、社会主義革命をどう評価するかは難しい問題になっている。ロシアの場合、社会主義政権としてのソ連は70年余りで終焉を迎えた。しかし、その時代を経験しなければ、ロシアは立ち後れたままで、現在ほどの大国にはならなかった可能性もある。

ロシアの現在の政権は、共産党による一党独裁ではないが、プーチン政権のあり方には、長く社会主義の社会であったことが影響している。ロシアをめぐって起こるさまざまな問題にも、かつての秘密主義の社会の影がちらついている。ロシアの統合を維持するには、プーチンのようなカリスマ的な指導者の存在が不可欠なのかもしれない。

しかし、プーチン大統領がいかにカリスマ性的な政治家であったとしても、ひとりの人間であり、いつまで大統領の職にあり続けることができるのか、それはわからない。退任となれば、後継者が必要となるが、プーチンに匹敵する人物が現われる可能性はきわめて低い。まさか、北朝鮮のように最高指導者を世襲するわけにもいかないだろうし、その兆候は見えていない。

そうなれば、ロシアの政治体制は安定性を欠くだろう。これが君主制と異なる点である。

ロシアの王政復古

プーチンと対立してイギリスに亡命し、その後自殺したロシアの企業家ボリス・アブラモヴィチ・ベレゾフスキーは、亡くなる前に、フェイスブックでロシアに王朝を復活させるアイディアを書き込んでいた。「王政に戻ることで、途切れてしまった時間的関係を再生でき、ロシア復活のシンボルとなる」というのだ。

その際、ベレゾフスキーが新しいロシアの国王として想定していたのは、イギリスのヘンリー王子だった。これは突拍子もない提言にも思えるが、ベレゾフスキーが述べているように、ヘンリー王子の祖父の祖母はロシア帝国を統治したロマノフ家のオリガ・コンスタンチノヴナ（ニコライ一世の孫）だった。

オリガの息子がギリシア王子のアンドレアス・ティス・エラザス・ケ・ザニアス、さらにその息子がエリザベス二世と結婚したエディンバラ公フィリップ王配《おうはい》（王配は女王の配偶者に与えられる称号）になる。フィリップ王配の息子がチャールズ皇太子で、彼とダイアナ妃の間に生まれた次男がヘンリー王子である。

戦前の日本でも、皇族が海外の王室と婚姻関係を結ぶことがあった。梨本宮方子《なしもとのみやまさこ》は朝鮮王朝の世子《せいし》・李垠《りぎん》と結婚している。また、皇族ではなく華族だが、嵯峨実勝《さがさねとう》侯爵の長女浩《ひろ》は満州国皇帝、愛新覚羅溥儀の弟である溥傑《ふけつ》と結婚している。実勝の母方の曾祖父は公家の中山忠能《なかやまただやす》で、忠能の娘が明治天皇の実母となった中山慶子《よしこ》である。

とはいえ、日本の例はごく限定されたもので、ヨーロッパの王家とは事情が違う。ヨーロッパでは、国を超えて王家の間で婚姻関係を結ぶのはあたりまえで、その関係はかなり複雑である。

ロシア革命によって、ロマノフ朝は途絶えたわけだが、王家の血筋は受け継がれている。そうである以上、それが実際に起こるかはまったくの未知数だが、ロマノフ家の再興はけっして不可能なことではない。

中国の偶像崇拝

中国でも、ロシアと同じような形で清朝の再興をはかることも不可能ではない。前述の溥傑と浩には2人の娘が生まれた。長女の慧生《えいせい》は戦後、交際中の男性と心中、ないしはその男性によって殺害されているが、妹の嫮生《こせい》は日本人の男性と結婚、5人の子どもをもうけている。そもそも、愛新覚羅家の一族は中国に現存しており、血統は途絶えていない。

しかし、中国が現在も中国共産党による事実上の一党独裁で、社会主義の体制を堅持している以上、清朝の復興はあり得ないし、実際、そうした声も上がっていない。さらに、清朝は満州族の皇帝を戴く国家であった。そうである以上、中国で多数を占める漢族がかつての清朝に対してノスタルジーを感じることはないだろう。

むしろ、最近の中国では、毛沢東への回帰が進んでいる。毛沢東は中国共産党の創立者のひとりで、亡くなるまで最高指導者の地位にあった。ところが、彼が主導した大躍進や文化大革命は失敗に終わり、死後には批判を受けるようにもなった。

しかし、文化大革命に参加した世代が高齢化し、それを知らない世代が多数を占めるようになると、毛沢東崇拝が甦《よみがえ》ってきた。最近ではかつてとは異なり、文化大革命についても、その悲惨さを暴くのではなく、むしろ再評価が進んでいる。国家主席の任期を撤廃した習近平は毛沢東の威光を利用し、自らの地位を磐石なものにしようとしているのかもしれない。

中国ではフェイスブックやツイッターなど海外発のSNSは禁止され、代わりに中国国内だけの独自のSNSが活用されているが、そこで毛沢東批判の書き込みをした大学教授などが処分されるという事態も起こっている（「産経ニュース」2017年1月12日）。

毛沢東を批判したり、否定したりすることは、結局のところは、毛沢東が作り上げた中国共産党の正統性を脅かすことにもつながる。中国社会の安定を確保するには、共産党政権の基盤を強固なものとしなければならない。そうなると、毛沢東が行なったマイナスの事柄には目をつぶり、いかに毛沢東が偉大な指導者であったかを強調するほうがいい。

まさに、第4章で述べたデジタル毛沢東主義である。中国人民を常に監視しているのは、ビッグ・ブラザーならぬ天安門に掲げられた毛沢東の肖像画なのである。

このように、社会主義の国家、あるいはかつて社会主義の体制を取っていた国家は、指導者崇拝という方向に向かっている。

社会主義革命は、人民をブルジョア階級の抑圧から解放することを目指すものであったが、人民主権が確立されているとは言い難い。そうした国々で自由と民主主義が広範に保障されているとは、とても考えられない。しかし、グローバル化が進む世界のなかでは、そうした体制を確立しなければ、国家の安定的な維持が難しいのもまた事実なのである。

イスラム世界の復興運動

最高の権威を求めようとする動きは、イスラム世界においても見られる。

それが、カリフ制再興の動きである。「カリフ」とは代理人を意味する。誰の代理人かと言えば、それは最後の預言者ムハンマドの代理人ということになる。ムハンマドが生きていた時代、神のメッセージを取り次ぎ、それをいかにして現実に適用するか、最終的な決定権はムハンマドが握っていた。

ところが、ムハンマドも人間であり、その命は有限である。ムハンマドの死後には、『コーラン』が編纂され、その言行はハディースにまとめられ、イスラム法が確立された。イスラム教の信者は、このイスラム法に従って生活していくことになった。

しかし当然だが、イスラム法をどのように解釈し、それを現実の生活に適用していくかで判断が分かれる場面が生まれる。たとえば、何をもって戦争を「聖戦（ジハード）」として正当化するかをめぐっては、さまざまな解釈が生まれる余地がある。なにしろ敵と味方に分かれて戦うわけで、敵と味方では主張がまったく異なるからである。

そこで求められたのが、最終的な判断を下す存在である。それは、イスラム教の多数派であるスンナ派においてカリフの役割とされた。カリフの地位は世襲されるわけではないが、ムハンマドの出身部族であるクライシュ族の男子であるといった条件がつけられた。

初代のカリフはムハンマドの友で、最初に入信したとされるアブー・バクルである。やがて、イスラム王国ウマイヤ朝以降、カリフの地位は世襲されるようになっていった。

近代に入り、オスマン帝国が滅亡すると、同時にカリフも退任した。最後のカリフはアブデュルメジト2世であり、それ以降100年近く、カリフ不在の状況が続いている。

イスラム教には組織がないことについては前述したが、問題が起こった時、その問題を解決する最終的な決断を下すことができるカリフの存在は、本来なら不可欠なはずである。最近では、イスラム教の復興という動きが起こっており、そのなかでカリフを再興する必要性が説かれるようになった。実際、イスラム国（IS）にはカリフを名乗る人物が出現したが、イスラム世界全体から承認されたわけではなかった。

イスラム教は、グローバル化と相性がいい!?

イスラム教でもっとも重要なことは、イスラム法が遵守される世界を確立することであり、その世界は「イスラムの家」と呼ばれる。それと対立するのが、イスラム法が確立されていない「戦争の家」である。最初期のイスラム教が、戦闘に勝利することで周囲の諸部族を統合していったのも、イスラムの家を拡大することが最重要だったからである。

キリスト教や仏教では、信仰は究極的に個人のものであり、それぞれの人間が、心のなかで神や仏を信仰し、教えに従うことが決定的に重要な意味を持つ。

ところが、イスラム教では、個人の信仰の確立よりも、イスラム法によって統治される社会を生み出すことが絶対的な前提であり、そのためには、戦争の家をイスラムの家に変えていくことが必要になる。

イスラムの家は国家の枠を超えていくものであり、国民国家は意味をなさない。ところが現実には、イスラム世界は植民地化によって国境が定められ、イスラムの家も国家によって分割された。しかし、本来のイスラム教のあり方からすれば、国民国家は解体されなければならない。

日本でカリフ制再興を強く主張している中田考氏は、この点について次のように述べている（「産経新聞」２０１７年9月24日）。


まず、イスラム世界でカリフ制（イスラム共同体から選任されたカリフの下、全ての領域がイスラム法によって治められる）を再興し、西欧が引いた国境を廃し、イスラム法の支配の下にヒト、モノ、資本の自由な移動が保証される空間を再興する。

これは、イスラム世界が、グローバル化を本質としていることを意味する。ムハンマドは商人の家に生まれ、自らも商人として活動した。商人にとっては、市場はできるだけ広いほうがよく、国境によって妨げられることは好ましくないのである。

その点からしても、カリフ制が再興され、イスラム世界全体が風通しのいい市場として統合されることは、非イスラム世界にも影響を与えていく可能性を有している。中田氏の意見を見てみよう（同紙）。

カリフ制再興が成功すれば、西欧にも影響が及び、ナショナリズム（民族主義／国家主義）の虚構性、領域国民国家の欺瞞《ぎまん》に人々は気付き始める。

帝国への服従

ムハンマドの死後、イスラム教は周囲に広がり、そこには、「イスラム帝国」が生み出された。イスラム帝国（アッバース朝）は中東から、西は北アフリカ、東は中央アジアからインドにまで広がった。カリフ制再興は、このイスラム帝国を再興することにつながっていく。

ロシアや中国の場合にも、それは国民国家というよりも、それを超えた帝国としてとらえたほうがわかりやすい。ソ連の解体によってさまざまな国家に分裂したが、それもソ連が社会主義の帝国であったからである。

中国も、過去の歴史のなかでさまざまな王朝が存亡を繰り返してきた、中華帝国にほかならない。その指導者に権力が集中する傾向が見られるのも、帝国再興への歩みを続けているからと見ることもできる。

ヨーロッパには、国民国家を超えたＥＵの共同体が存在している。それをヨーロッパ帝国としてとらえるならば、イギリスが離脱するのは、イギリス連邦という帝国であるからだろう。実際に、かつては「大英帝国」と呼ばれていた。

アメリカも、合衆国（United States）であり、州の力が強いことから考えて、国民国家というよりも、やはりひとつの帝国としてとらえることができる。

中田氏は、前掲の『帝国の復興と啓蒙の未来』のなかで、「19世紀は西欧列強による世界の植民地化の時代、20世紀が二度にわたる世界大戦による西欧の破産とその破産管財人である米ソによる残務処理の時代であった。そして21世紀は、西欧の覇権の下にあった文明、中国文明、正教／ロシア文明、インド文明、そしてイスラーム文明の再興による、世界的な文明の再編の時代である」と指摘している。

ここには、中田氏の願望が反映されている部分もあろうが、グローバル化が国民国家の枠組みを揺るがしていることはまちがいない。その世界に生きる個々の人間は孤立し、自らの無力さを痛感するしかない。そうなると、そこには服従への道が待ち受けているのである。

終章

宗教なき世界

孤立する個人を掬《すく》い取るイスラム教

世界ではグローバル化が著しく進展し、それとともに多方面でシステム化が進み、さまざまな事柄が緊密に結びつくようになった。その結びつき方は複雑で、一般の人間にはその全体像をつかむことが難しい。いや一般の人間だけではなく、専門家と言われる人々にとっても、同様かもしれない。

IT技術やAIは、現代の社会を支えるうえで不可欠の技術だが、その処理の速度はあまりにも速く、処理のあとに人間がいったいどういうことが行なわれたのかを確認できなくなっている。株式の電子取引などは、その典型だろう。

そもそも、AIは結果だけを示し、経過やどうしてそれを選択したかその理由を教えてはくれない。すべてはブラックボックスのなかで行なわれ、人間はそのなかを見ることさえできないのだ。

システム化も相当な勢いで進んでおり、それを規制する法律も複雑になっている。日本では最近、安全保障関連法案や共謀罪などの成立が目指され、それが世論を二分する議論を生んだが、国会で審議する議員や報道するマスメディアが、はたして法律の中身について十分に理解しているのか、かなり怪しい部分があった。

共謀罪という罪が新たに定められたわけではなく、便宜的に用いられた共謀罪という言葉のイメージが、賛否の決定に大きく影響した。その分、法律について議論をしているのか、言葉のイメージをめぐって議論をしているのか、そこがはなはだ曖昧だった。

世界では日々さまざまな出来事が起こり、瞬時にほかの国や地域へ伝えられるようになった。ニュースの量は膨大なものになり、なかには「フェイクニュース（偽《にせ》ニュース）」も少なからず混入している。新しいニュースが伝えられることで、すでに伝えられていたニュースの鮮度はすぐに落ち、関心を呼ばなくなる。私たちは情報に流され、断片的な知識を得ることしかできなくなっている。

このような世界で生きる人間の生き方は、どうしても刹那的《せつなてき》なものにならざるを得ず、孤立感や無力感を強める。生活の基盤も不安定で、いつそれが崩れるかわからない。

近代化は伝統的な社会を解体し、地域社会を崩壊させてきた。都市に出てきた新住民は、自分が住んでいる場において、確固とした立場を築くことができず、不安定である。そこに、新しい宗教が勢力を拡大していく余地も生まれたわけだが、宗教が地域共同体に代わる共同体を形成できなければ、それは一時のことに終わってしまう。

そういう意味では、イスラム教もヨーロッパの移民社会において、日本の新宗教と同様の役割をはたしていることになる。移住してきた不安定な立場にある人間たちに、信仰を再認識させることで、自分たちがイスラム教という共同体（「ウンマ」と呼ばれる）に属しているという自覚を与えることができるからである。

ただ、現在イスラム教の信者の数が増えているのは東南アジアや南アジアであり、何より人口の増加がその拡大に貢献している。こうした国々では、国民のほとんどがイスラム教の信仰を持っており、その基盤はかなり強固なものになっている。

イスラム教が本来的に目指すのは、第6章で中田考氏が述べたように「イスラム法の支配の下にヒト、モノ、資本の自由な移動が保証される空間」を作り上げることである。もちろん、これは現実を述べたものではなく、理念にもとづく理想を述べたもので、イスラム教の世界は現在の段階では、領域国家に分断されている。

しかし、少なくともイスラム教の理念は、グローバル化の方向性と重なる。その点では、もっとも先進的な宗教であるとも言える。

イスラム教の方向性が世界全体のグローバル化と異なるのは、イスラム法の存在である。イスラム世界においては、イスラム法が社会規範の根本にあり、その世界に生きる人々は、この規範に従って生活する。あるいは、規範による制約を受ける。

それに対して、世界全体がグローバル化し、ヒト、モノ、資本の自由な移動が実現されたとしても、そこには規範となるものは存在しない。そうであれば、人間は、基盤や規範を持たないまま漂《ただよ》うしかない。逆に、現代の社会においてイスラム教が求められるのも、基盤や規範を与えてくれるからである。

「新しい中世」の到来

日本を含め、西欧を中心とした先進国において、かつては基盤となるものが存在し、一定の規範が、社会で共有されていた。西欧では、その役割をキリスト教がはたしていた。日本では神道と仏教、さらには儒教や道教が混じり合った神仏習合の信仰を背景としながら、長い伝統を持つ天皇家が社会の中核に位置づけられてきた。

ところが、特に近年、ヨーロッパではキリスト教は衰退した。その分、自由度は高まったものの、基盤や規範は失われている。

これがまだ、日本を含めた君主制の国であれば、最終的な権威は失われない。反対に、君主制をすでに打倒してしまった国においては、宗教が基盤にならないわけで、その代わりになるものも存在しない。

だからこそ、君主制を打倒し、宗教の影響力を極力排除しようとしてきたフランスで『服従』のような小説が生まれ、それが話題になったのだ。そこには、フランスのみならず、宗教なき世界に生きる、ヨーロッパ人の隠された欲望が顔をのぞかせているのかもしれない。

近代のヨーロッパは、キリスト教のような絶大な力を持つ宗教や、国王のような君主を究極的な権威としない社会を築き上げようとする大胆な試みに着手した。それによって、資本主義が発達し、自由や民主主義が行き渡った社会が築き上げられてきた。ヨーロッパこそが近代社会のモデルと考えられ、新興国アメリカが、その傾向をさらに推し進めていった。

しかし、これはフランスの経済学者トマ・ピケティが『21世紀の資本』(山形浩生・守岡桜・森本正史訳、みすず書房）で指摘していることでもあるが、経済格差が縮《ちぢ》まるのは経済発展が続いている間だけのことで、低成長の時代になれば格差は拡大していく。そうなると、民主主義は機能しなくなり、自由は、豊かな者がより豊かになり、貧しい者がより貧しくなることを許すものでしかなくなる。

第6章で見たように、グローバル化と国家主権、民主主義のすべてを求めることはできないという議論が生まれてくるのも、経済発展があらゆる問題を解消し、自由な社会をもたらしてくれる時代が、過去のものになってしまったからである。

そこに、近代社会の根本的なジレンマがあり、世界は近代のさらに先にあるポストモダンの時代に変わってきている。新たな帝国の時代の訪れはその結果であり、それを「新しい中世」の到来と見なす見解も生まれている。

日本の近未来

新しい中世が帝国の時代であるなら、日本はどうなるのだろうか。

文明論の観点から日本を見た時、その地位をどうとらえるかは難しい部分を含んでいる。たとえば、イギリスの歴史学者アーノルド・トインビーは、日本文明を、中国文明の衛星文明と位置づけた。

　これに対して、日本文明を独立したものとしてとらえたのが、『文明の衝突』（鈴木主税訳、集英社文庫）を著《あらわ》した、アメリカの政治学者サミュエル・ハンティントンである。ハンティントンは世界の文明を八つに分けたが、日本を中国文明に含めず、独自の孤立文明としてとらえた。

　日本は、古代から中国文明の多大な影響を受けながら文化を築き上げてきた。しかし、政治的には中国と一定の距離を保ち、中国の冊封《さくほう》体制（皇帝が朝貢国の王に爵号《しゃくごう》を与えて君臣関係を結ぶこと）には組み込まれなかった。漢字文化圏には入っていながら、官吏登用制度の科挙《かきょ》や、宮廷に仕える男子に去勢を施す宦官《かんがん》も受け入れなかった。

　日本は独自の神話を持ち、最終的な権威である天皇を神の末裔《まつえい》と位置づけてきた。中国の皇帝が天皇の上に位置づけられたわけではなく、同格であるというのが日本の立場だった。

　そうした歴史を踏まえ、大日本帝国憲法を制定する際に、伊藤博文は皇室を国家の機軸に据えた。その時点で共和制が採用されていたら、その後の日本の運命は大きく変わっていたであろう。軍部の台頭はあったかもしれないが、皇国史観が広まることにはならず、兵士が天皇のために命を捧げるという事態は起こらなかったはずである。

逆に言えば、国家のためにすべてを捧げる国民を造り出すには、皇室を機軸とする国家の体制、国体の確立が不可欠とされたわけである。

現在の皇室は、皇位継承をめぐって危機に直面している。皇位の継承が今後も恙《つつが》なく行なわれていく可能性も残されてはいるが、皇族の減少は避けられない。天皇家だけが皇族で、他に宮家《みやけ》が存在しないという事態の到来を避けることは容易ではない。

その点では、日本も共和制に移行し、大統領制を取る必要も生まれつつある。しかし、日本に共和制はなじまないという感覚は広く共有されている。アメリカや韓国の大統領のあり方を見るならば、はたしてそれで社会が安定するのか、多くの人々がそれに疑問を感じている。

皇位継承の安定化のために、女性天皇や女系天皇の容認、あるいは旧宮家の皇籍復帰なども提案されているが、どれも実際的な効果は期待できない。女性天皇は歴史上８人が存在するものの、一時的なリリーフの役割をはたすことしかできない。女系天皇となれば、これまでの伝統にないことであり、その導入は容易ではないだろう。

旧宮家の復帰はけっして不可能ではないものの、現実的な選択肢とは言い難い。旧宮家の人間は戦後ずっと民間人として生活してきており、代《だい》を重ねるにつれて、旧宮家としての自覚も薄れつつあるようだ。ロシアのロマノフ家のように、その末裔がどこかの国の王族として生きているわけではないのである。

天皇不在の天皇制

それでも共和制には移行しないということであれば、ひとつ考えられるのは、摂政《せっしょう》の制度の活用である。

現在では、皇族でなければ摂政にはなれないが、かつては藤原家に見られるように、むしろ皇族以外の人間が摂政を務め、天皇の代理をはたしてきた。皇室典範を改正すれば、民間人を摂政とすることも可能である。

そうした場合の摂政は天皇と同様、政治的な権能をまったく持たないもので、それは他の国の大統領などとは異なる。そうした役割は首相経験者や有識者、あるいは国民栄誉賞の受賞者などが考えられるのではないだろうか。そうした人物が複数で、日本の象徴として、皇族が現在はたしているさまざまな役割を担うことで、「天皇不在の天皇制」という形態も可能になってくる。

ローマ教皇にしても、不在のイエス・キリストに代わる地上の代理人として絶対的な権威となってきた。

イスラム教のシーア派では、スンニ派のカリフにあたる存在として「イマーム」がいるが、イマームは途中で隠れてしまい、最後の審判の時に再臨すると考えられている。そのあり方はシーア派内の派によって異なるが、そこにはキリスト教の再臨信仰の影響がある。イマームが不在の間、その代理となるのがイスラム法学者（ウラマー）である。

天皇不在の天皇制はこうした形に近い。それによって、憲法の根本的な改正も回避できるのではないだろうか。

しかし、そうなれば、天皇制の再興を求める声が上がることになるかもしれない。カリフ制の場合には、特定の家系ではなく、クライシュ族という部族の出身であれば、カリフとなることができる。ローマ教皇の場合には独身であり、家系はいっさい問われない。そこが、近代以降、万世一系という側面が強調されてきた天皇制とは異なるのだ。

自由よりも、民主主義よりも――

天皇不在の天皇制を採用してでも、どうやら日本文明はその独自性を保っていきそうである。しかし、その文明のあり方は「ガラパゴス」と揶揄されるように、世界から孤立したものになっていく可能性が高い。

だが、人口減少に直面している日本社会は、社会システムを維持していくために、移民を受け入れていかざるを得ない。実際、日本で働く外国人労働者は、2017年10月末時点で約128万人に達し、届け出が義務づけられて以来、最高を記録している。移民を受け入れるべきかどうかで議論はあるものの、現実はすでに進行してしまっている。

日本のなかに外国人が増えていけば、「安全」がいっそう唱えられる可能性が高い。そうなれば、中国で行なわれているような電子化された安全技術のさらなる導入が急がれるだろう。外国人の側でも、身分保障として自らの信用度が電子化されたシステムを通して高まっていく体制が築かれることを求めるようになっていくはずだ。

その際に、プライバシーが最優先されるか――。それはかなり難しい問題である。「自由」にも制限が加えられるようになるかもしれない。プライバシーや自由の確保をあくまで優先すれば、技術的には立ち後れる。すでに、中国との比較では、日本はかなり後れてしまっているようにも見える。技術開発の後れは、経済にも影響する。プライバシーや自由を制限しても、安全や信用を重視する傾向が今後強まっていく可能性は高いのだ。

あるいは、移民のなかにイスラム教徒が多く含まれるなら、日本でもヨーロッパに近い事態が生まれる。それは、日本人の精神や宗教観にもかなりの影響を与えていくことになろう。

単純化すれば、自由か安全かの選択、さらにはAIかアッラーかの選択を迫られることになるであろう。

自由が大きく制約された時代を経験すれば、自由に至上の価値を見出し、それを確保することに人々は必死になる。だが、自由な時代が続けば、それに慣れ、自由を徹底して守り抜こうという意欲が薄れる。それは、民主主義についても同じである。

何より安全で安心できる生活を望む。グローバル化が進んだ社会では、自由と民主主義よりも、そちらのほうが優先される。

それに自らの自由を捨てて、全面的に身を委ねてしまうことは意外なほど心地よい。そのことは過去の宗教や全体主義、あるいは現在の中国が実証している。これからの日本人は、デジタル毛沢東主義ならぬ「デジタル天皇制」を求めていくかもしれないのである。

北朝鮮に大きな変化が見られるようになったのも、そのことが関係している可能性がある。スマホが普及するようになり、国内で閉じられたネットを通してオンラインショッピングも可能になっている。北朝鮮の思想は「主体《しゅたい》思想（チュチェ思想）」と呼ばれるが、デジタル主体思想を通して、豊かさを実現する道が開かれたことが大きな変化に結びついているのではないだろうか。

切りとり線

★読者のみなさまにお願い

この本をお読みになって、どんな感想をお持ちでしょうか。祥伝社のホームページから書評をお送りいただけたら、ありがたく存じます。今後の企画の参考にさせていただきます。また、次ページの原稿用紙を切り取り、左記まで郵送していただいても結構です。

お寄せいただいた書評は、ご了解のうえ新聞・雑誌などを通じて紹介させていただくこともあります。採用の場合は、特製図書カードを差しあげます。

なお、ご記入いただいたお名前、ご住所、ご連絡先等は、書評紹介の事前了解、謝礼のお届け以外の目的で利用することはありません。また、それらの情報を6カ月を越えて保管することもありません。

〒101-8701（お手紙は郵便番号だけで届きます）
祥伝社新書編集部
電話03（3265）2310
祥伝社ホームページ　http://www.shodensha.co.jp/bookreview/

★本書の購買動機（新聞名か雑誌名、あるいは○をつけてください）

＿＿＿＿新聞の広告を見て	＿＿＿＿誌の広告を見て	＿＿＿＿新聞の書評を見て	＿＿＿＿誌の書評を見て	書店で見かけて	知人のすすめで

★100字書評……AIを信じるか、神を信じるか

名前

住所

年齢

職業

島田裕巳　しまだ・ひろみ

宗教学者、作家。1953年、東京都生まれ。東京大学文学部宗教学宗教史学専修課程卒業、同大学院人文科学研究科博士課程単位取得退学。放送教育開発センター助教授、日本女子大学教授、東京大学先端科学技術研究センター特任研究員を経て現在、東京女子大学非常勤講師。著書に『創価学会』『葬式は、要らない』『キリスト教入門』『靖国神社』『死に方の思想』『「日本人の神」入門――神道の歴史を読み解く』『日本の新宗教』などがある。

AI《エーアイ》を信《しん》じるか、神《アッラー》を信《しん》じるか

島田裕巳《しまだひろみ》

2018年６月10日　初版第１刷発行

発行者……………辻 浩明
発行所……………祥伝社《しょうでんしゃ》
〒101-8701　東京都千代田区神田神保町3-3
電話　03(3265)2081(販売部)
電話　03(3265)2310(編集部)
電話　03(3265)3622(業務部)
ホームページ　http://www.shodensha.co.jp/

装丁者……………盛川和洋
印刷所……………萩原印刷
製本所……………ナショナル製本

Printed in Japan　ISBN978-4-396-11538-8　C0230

〈祥伝社新書〉
歴史に学ぶ

366
はじめて読む人のローマ史1200年
建国から西ローマ帝国の滅亡まで、この1冊でわかる！
早稲田大学特任教授
本村凌二

463
ローマ帝国 人物列伝
賢帝、愚帝、医学者、宗教家など32人の生涯でたどるローマ史1200年
本村凌二

168
ドイツ参謀本部 その栄光と終焉
組織とリーダーを考える名著。「史上最強」の組織はいかにして作られ、消滅したか
上智大学名誉教授
渡部昇一

361
国家とエネルギーと戦争
日本はふたたび道を誤るのか。深い洞察から書かれた、警世の書
渡部昇一

379
国家の盛衰 3000年の歴史に学ぶ
覇権国家の興隆と衰退から、国家が生き残るための教訓を導き出す！
渡部昇一
本村凌二

〈祥伝社新書〉
歴史に学ぶ

472
帝国議会と日本人
なぜ、戦争を止められなかったのか
帝国議会議事録から歴史的事件・事象を抽出し、分析。戦前と戦後の奇妙な一致！
歴史研究家 小島英俊

448
東京大学第二工学部
なぜ、9年間で消えたのか
「戦犯学部」と呼ばれながらも、多くの経営者を輩出した〝幻の学部〟の実態
ノンフィクション作家 中野 明

392
海戦史に学ぶ
名著復刊！　幕末から太平洋戦争までの日本の海戦などから、歴史の教訓を得る
元・防衛大学校教授 野村 實《みのる》

460
石原莞爾の世界戦略構想
希代の戦略家であり昭和陸軍の最重要人物、その思想と行動を徹底分析する
日本福祉大学教授 川田 稔

351
英国人記者が見た
連合国戦勝史観の虚妄
滞日50年のジャーナリストは、なぜ歴史観を変えたのか。画期的な戦後論の誕生！
ジャーナリスト ヘンリー・S・ストークス

〈祥伝社新書〉
経済を知る

533
業界だけが知っている「家・土地」バブル崩壊
1980年代のバブルとはどう違うのか、2020年の大暴落はあるのか
不動産コンサルタント
牧野知弘

498
総合商社
その「強さ」と、日本企業の「次」を探る
なぜ日本にだけ存在し、生き残ることができたのか。最強のビジネスモデルを解説
専修大学教授
田中隆之

394
ロボット革命
なぜグーグルとアマゾンが投資するのか
人間の仕事はロボットに奪われるのか。現場から見える未来の姿
大阪工業大学教授
本田幸夫

478
新富裕層の研究
日本経済を変える新たな仕組み
新富裕層はどのようにして生まれ、富《とみ》のルールはどう変わったのか
経済評論家
加《か》谷《や》珪《けい》一《いち》

503
仮想通貨で銀行が消える日
送金手数料が不要になる？　通貨政策が効《き》かない？　社会の仕組みが激変する！
信州大学教授
真《ま》壁《かべ》昭夫

〈祥伝社新書〉
医学・健康の最新情報

432
本当は怖い肩こり
揉《も》んでは、いけない！ 専門医が書いた、正しい知識と最新治療・予防法

東京医科大学講師 遠藤健司
横浜南共済病院 三原久《ひさ》範《のり》

190
発達障害に気づかない大人たち
ADHD、アスペルガー症候群、学習障害……全部まとめて、この1冊でわかる

福島学院大学教授 星野仁《よし》彦《ひこ》

356
睡眠と脳の科学
早朝に起きる時、一夜《いちや》漬《づ》けで勉強をする時……など、効果的な睡眠法を紹介する

杏林大学医学部教授 古賀良彦

404
科学的根拠にもとづく最新がん予防法
氾濫《はんらん》する情報に振り回されないでください。正しい予防法を伝授！

国立がん研究センター
がん予防・検診研究センター長 津《つ》金《がね》昌一郎

458
医者が自分の家族だけにすすめること
自分や家族が病気にかかった時に選ぶ治療法とは？ 本音で書いた50項目

医師 北條元治

〈祥伝社新書〉

『死に方の思想』

島田裕巳［著］

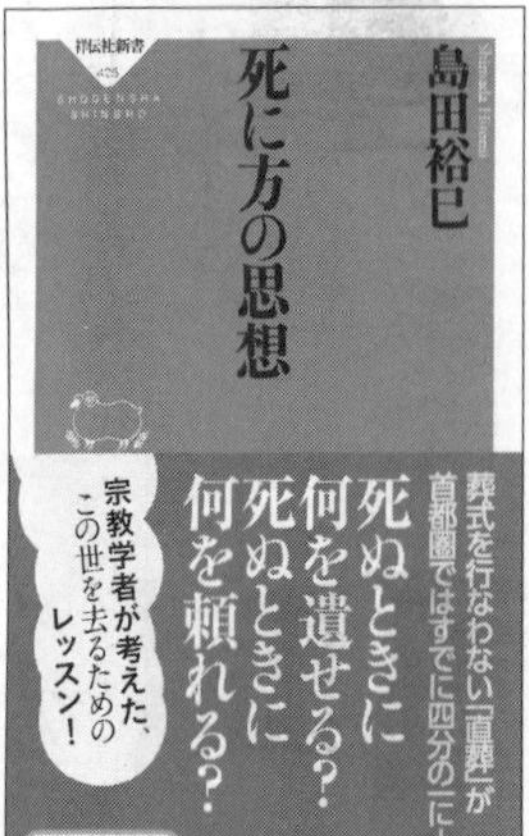